CUNEI
F●RM
铸刻文化

單讀 One-way Street

跑外卖：
一个女骑手的世界

王晚
著

GUANGXI NORMAL UNIVERSITY PRESS
广西师范大学出版社
·桂林·

跑外卖：一个女骑手的世界
PAOWAIMAI: YIGE NÜQISHOU DE SHIJIE

责任编辑：郑　伟
特约编辑：胡晓镜
封面设计：李政珂
内文制作：李俊红

图书在版编目(CIP)数据

跑外卖：一个女骑手的世界 / 王晚著. -- 桂林：
广西师范大学出版社, 2025. 9(2025.11 重印).
ISBN 978-7-5598-8566-1

Ⅰ. 125

中国国家版本馆CIP数据核字第20253K54W2号

广西师范大学出版社出版发行

广西桂林市五里店路 9 号　邮政编码：541004
网址：www.bbtpress.com
出版人：黄轩庄
全国新华书店经销
发行热线：010-64284815
山东临沂新华印刷物流集团有限责任公司印刷
山东临沂高新技术产业开发区工业北路东段　邮政编码：276017
开本：787mm×985mm　1/32
印张：9.5　字数：145千　插页：20
2025年9月第1版　2025年11月第3次印刷
定价：58.00元

如发现印装质量问题，影响阅读，请与出版社发行部门联系调换。

目录

前　言

　　在我的老家山东省聊城市莘县观城镇，一个平原得不能再平原的地方，有一座北京庙，据老辈人讲，站在北京庙上面，一眼就能望到北京城。这个庙从小就萦系在我的心里，我有点不信站在上面真的能看到北京，于是儿时很多个周末我都会爬到城墙上面四下搜寻，看能不能找到它，也在上面站站，看看天安门，可我一次也没找到过。我想，那也许是老辈人出于对远方、对首都过深的憧憬和向往，才编织出来的梦。

　　从小到大，我们都想着法子从观城离开，去往更远的地方，但从未有人告诉我们如何留下来。在远方，在京城，有着人们向往的功名富贵。为了逃离让人看不到希望的乡村，我的爷爷在上世纪五六十年代就推着木板车，带着一家子一路走到了北京。从我们家到北京 500 多公里，不知道他们问了几次路，受过多少风吹雨打，遭逢几回质询盘查，才终于抵达了真正的、能看得见的北京。如果爷爷还活着，我肯定得问问他刚到北京时啥心情，还得问问他，因为打伤人，不得不带着一家人回到观城时，又是啥心情。关于这点，我问过我娘，她叹口气，似乎很是惋惜地说，不回没法，人家报警了，到处有人找他。当然，如果爷爷没有回观城，我娘也不会嫁给我爹。人一辈子要活在哪里，估计都是有定数的吧。

在观城，人们不断从一个个村子离开，去往全国各地，有的人甚至跑到了国外打工，求学，婚嫁，农村已经被他们远远甩到身后。交通的不断便利，加快了人远离的脚步。平日，凌晨 5 点钟左右，开往莘县、聊城、济南，甚至远到北京的大巴就开始鸣笛，汽车把一个个人载去远方，又把一个个人从远方载回观城。

外出打工的人，只有过年或收庄稼时会回来几天，迅即杀回城里，似乎"家"这个概念已经逐渐模糊，没有了具体的指代。回来，好像是为了确认某种存在，无论是确认感情，还是确认留在这里的东西是否变化，人总是想回来看看。

就像二哥说的，老了一定要回观城，哪里也不去，人总是要落叶归根，不回来不行。

2020年，酒后暴毙在外的二叔尽管没混出个啥名堂，还是在二婶子的梦里，叫唤着必须回来。作为最早一批出去打工的人，二叔荡悠悠地出去二十来年，又在骨灰盒里轻飘飘地回来，埋进了祖坟。这次二叔终于没法再往外跑了，只得一直留在观城。

但只要活着就还是愿意往外边跑。不跑不行，大到生老病死，婚丧嫁娶，小到衣食住行都要花钱。像四叔为了给俩儿子娶媳妇，已经在外打工十多年。我大哥为了养一大家子，除了收庄稼时回来给家里帮帮忙，也大多数时间待在外面。还有我这样的离异女性，因为承受不了村里人暧昧不清的眼神，而不得不反复踏上去往异乡的路，我知道如果我不走，会被这里的风言风语吞噬掉。我爸觉得离婚是丢人的事，很长一段时间不好意思出门，怕人家谈起我，谈起我的婚姻。也许在他眼里，我是一个异常尴尬的存在，尤其后来我开始跑外卖，他更无颜见乡亲父老，就好像我是在外面做小姐。他跟我说，以后别跟人家说你跑外卖。我问他，为啥？他没说。可就算他不说我也知道为啥，他跟村里其他人的想法没啥区别。我无力改变他们，我能改变的只有我自己，让自己离他们远一些。

每回我从家里离开，我娘都说心里空落落的，好几天缓不过来，实际上我的心里比她还空。我既不能安闲清净地待在农村，也无法适应城市的节奏，就像是夹在城市和乡村缝隙里的果子，无论在哪里长都会变形。面对故乡，面对土地，只有手足无措，心慌，怕被村庄拒之门外，也怕村庄将自己吸附其内，无法脱身，所以，只能一次次离开，再一次次回来。

跑外卖之前

在农村赚不到什么钱的人，会将外出打工作为自己的出路，尽管他们不见得能在城市里扎根，混得开，还是在春节过后一窝蜂奔赴一线、二线、三线，甚至四五线城市。清晨，大巴鸣笛声此起彼伏，很多不舍得在路费上搭钱的人，扛着大包小包上了车，稍微舍得花钱的，就选择多花几十块钱坐拼车离开。

2024 年的春节假期才过一半，我就坐上了观城到北京回龙观的大巴车早早地返京。就算我不想走也得走，我们物业公司的领导还等着我顶岗，如果不回去，一是拿不到甲方给假期值班人员每天 200 块钱的红包，二是假期值班的人已经报上去了，不能临时换，更没人愿意换。我们保洁主管怕我不去，一晚上给我打了 10 多个电话，我故意没接。一看到来自单位的电话和信息我就容易焦虑、烦躁，尤其烦的是保洁主管。过了好半天我才给他回过去。我说，领导，新年好。他没理会我祝福的话，更没祝我新年好，劈头就问，你忙什么呢！我给你打了那么多电话，你没看见吗？怎么才回？明天能不能上班去？他说话的口气很不友善，带着些许怒气。我听后跟他连连保证我肯定回去值班，他这才放下心来，没多跟我寒暄便干脆地挂断了电话，这我已经习惯了。

初三，离开观城的人并不多，虽然按我们的习俗，"三六九，往外走"，这是个离家的好日子，可大多数人都是想着能多待一天就多待一天，有的甚至过了元宵节才做打算，像我这样早早回城的屈指可数。

早晨的大巴车算上司机总共六个人，那是我坐过最舒服的一次车。以前坐大巴坐得很窝囊，不是隔壁把腿岔到我的座位上，就是旁边座位底下塞着的背包杆到了我的脚下，让我的腿没处放，再不就是过道里坐着超载出来的人，挤得我双腿只能紧并着坐一路。车上还会散发出各种各样的怪味，随着大巴的颠簸，一股一股地飘进我的鼻子里，熏得我头昏脑涨，只能闭着眼睛昏昏欲睡，其间频繁被不知道是谁放的手机视频聒醒。这次倒好，清清静静的，更没人吃泡面之类让人晕车的东西。

春节过后的几天，整个北方的天空都灰蒙蒙的，车子在高速上行驶，如果没有导航和指示牌的提示，根本分不清哪里是哪里。从山东到北京的大广高速路，将原本连成片的庄稼切隔开来。高速与原野看似紧密地镶嵌在一起，实则如平行时空，各自在自己的时间里流动或停驻。

在大广高速来回走过的这十多年，我看到人们住的房子有的已被翻新、扩大，庄稼的面积越来越少，早先一望无际的田野上，偶尔会突然拔起一片工厂和楼房。这跟我们镇一样，很多人已经没有地，也不愿意种地。种地是个技术活，尤其年轻人，很多根本不会种地，再说种地太辛苦，赚得也少，还不如在外面随随便便干点什么。像我这种30岁左右的年轻人，没几个在家待着的，哪怕我不想离家去外面打工，也会碍于村里人的口舌，早早扛着包上外走。

我在北京混的十多年并不如意，要是让我在这里养老，打死也不行，我还是得回到我的老家，回到观城。我不喜欢北京的快节奏，也烦这里的工作。

我干过十四五个活儿，从印刷工、快递、医院的标本外送员、服务员，到电话销售、网络推广、记者采编、版权销售、编剧、策划、文案，再到保洁，没一个能长久，我的学历和专业技能也支撑不了我干更体面的活儿，不是被辞退，就是实在干不下去。最后兜兜转转一圈，从服务行业爬上去后，没过两年，再次回到了体力行业里，从保洁到保洁领班又到之后的外卖员。

说实话，我不是很喜欢保洁行业，就像我回京要去上班的这个物业公司，我就很不喜欢。薪资低不说，事儿还多，说是干的保洁领班的活儿，实际上就是保洁，不是被叫去刷马桶，就是捡垃圾，还容易被人轻视。那些看不起我们的倒不是甲方的职员、顾客和路人，反而是我们自己的物业公司，平时说话拿腔作调的，一副高高在上的样子，只要聊天就自以为是得很，反复讲自己看似辉煌的过去。我跟他们很难打成一片，我们那个主管也就很不喜欢我，老是给我穿小鞋。我对这个工作非常不满意，多次扬言要离职跑外卖去。

我不确定自己当时这么说是为了发泄不满，还是真的想去跑外卖，可能二者都有，也可能只是随便说说，毕竟，之前我给家里打电话，我娘总是抱怨跑外卖的大哥赚得少，累死累活一天也就能赚个200来块钱。就在我犹豫着是离职后跑外卖，还是保住眼前的工作兼职去跑外卖时，出了一个事，让我没转成正式员工。

2024年3月初的一天，保洁主管带着我去2C区检查卫生时，发现休闲区桌腿上很脏，用手摸一层灰，他跟我说，你在群里发一下，让这个区的保洁过来打扫。我本身在这个甲方职场（注：保洁公司服务的甲方客户的工作场所）待得就不是很久，对各区域的划分并不很了解，以为自己在2B，就在群里"艾特"了2B的保洁，主管看后跟我说，我看你就是个2B。我很生气，觉得这挺不尊重人的，而且是当着那么多人的面骂我。也许在他的意识里，我们这种人都没什么自尊，或是低他一等吧，要不然他也不会随意谩骂我以及我管理的那些四五十岁的保洁。我对他的看不起，比他对我少不了多少。后来他再跟我说话我也不搭理他。

之后的几天里，他有事就找另外一个男领班去办也不找我，那会儿我已经预感到他要辞退我，但没想到那么快，还没过一周他就单独约我谈话，意思是我不符合转正要求。我很平淡地说了声，嗯，我知道。他反而不知所措了，说，这么淡定。我说，反正我也不喜欢这里。当天，我就办了离职手续，交了工卡。离职前，人事让我看了一下工资表，我一看，多扣了我 800 块钱，就找人事理论。她将此事反馈给总部，总部说隔一个月补给我，可是至今我那 800 块钱都没打过来，但我也无所谓了，离职本来就跟我在城中村退房一样，他们总会以各种理由多扣我几百块押金，就算去掰扯，也只是浪费时间。

离职当天，我就在回家的路上下载了一些跑单软件，有某鸟、某团、某送、某达等，但我最终跑起来的只有某团，这是因为我在下载 app 时，发现别的平台不是钱不好取出来，就是交的押金不退，或者装备费太贵，并不是很符合我的要求。我不舍得花一两千块钱买一大套装备，万一干着不行，那我就赔本了。

注册完账户后我并没有立即去跑外卖，而是去试着找了找别的活儿，或许在我心里，跑外卖是迫不得已的最后选择。

之后的半个月，我接连面试了很多工作，主要是以保洁主管为主，或是听起来更光鲜的保洁经理这类岗位，但我投了上百份简历后，只有不到十分之一的单位邀请我面试。在这十分之一的单位里，大多数开的薪资比我2023年入行时还低1000。保洁经理的薪资比较高，一个月8000—12000块钱，我很想去面试一下，可看招聘要求就知道自己没戏，学历和工作经验都匹配不上。

哪怕月薪5000块钱的保洁主管或是手机店店员的活儿，要求都特别全面，很多单位在招聘时都卡年龄，只要30岁以下的，有的保洁公司甚至要求必须是统招大专毕业的，这些我都不符合要求。为了早点找到活儿干，最后我也不论是啥工作了，只要让面试就去应聘。我还面试过超市分拣的活儿，这个活儿我老早就听一个保安说过，他有个朋友就在干分拣，一个月少说能赚15000，相当于我做保洁时仨月的工资。

分拣这类的活儿对面试者的要求非常宽松，只要腿脚好，识字就行，你哪怕是个博士后来面试，也不会因此获得更好的待遇。在这行，想赚得多完全靠手速，而我自认为行动能力非常强，便决定去小象超市试试工。

我就近选择了我居住的于辛庄村里的一个站点，它在一个犄角旮旯里，找好半天才找到。一开始站长在忙，没顾上我，让我等会儿。我站在一个很大的仓库里，看到那些分拣员以女性居多，她们大概都是和我一样，想短期内获得高报酬的工作吧，只见她们不断在常温区、冷藏区、冷冻区穿梭，几乎没停歇的空当。我看了好半天也没看出个门道来，大约过了十几分钟，站长才出来和我说，你想入职的话，得试工三个小时，没工资的，如果愿意就试试，不愿意就回去。我觉得对方的要求并不合理，但为了获得工作机会也只能妥协。站长指派了一个瘦瘦的、个子不高、看起来手脚麻利的男生带我，后来我才知道他是那里的单王，站长之所以选择他带我，是想让我知难而退，或者是知难而进。这看起来很矛盾，实则很明智，如果不这么做，很难测试出来我是不是能吃苦，干得下去。

那个男生一边耐心给我讲每个单品位置在哪里，

怎么看货架号及单品代码，怎么完成指派任务，一边手速飞快地拿着商品。他问我，你有没有干过力气活儿？我说，干过。这话不真，我只在上高中时帮家里干过不太吃力的农活儿，出来工作十几年里，没出过什么大力，就保洁这个活儿辛苦些，但为了不叫他怀疑我的能力，我只得扒了瞎话。他告诉我，他每天都要跑 2 万多步，鞋子一个月跑坏一双，穿再好的鞋都白搭，站里很少有人一双鞋穿两三个月的，分拣这活儿很辛苦，不光要拿生鲜、日用品之类的东西，还得拿矿泉水，有的顾客一次性会订好几桶，就是东西再沉都没人帮你拿，一天里头拿这种大件的活儿很多，不能回回叫人帮忙，都是自己硬刚上去的。像他这么跑法，一个月能赚 13000，跑得慢的就赚得少了，7000、8000 的都有，也有赚 6000 块钱左右的，但是这种人在站里干不下去，时间长了就被替下去了。他教完我后，让我自己跑了一个钟头，我才跑了四五个单子腿就软了，脚也走得生疼。三个小时快到了，带我的男生跟我说，时间差不多了，感觉咋样？我谎称，挺好的，感觉不孬。之所以这么说，我有自己的打算，哪怕以后不一定在这里干，我也想留给自己一条后路。他说，那你找站长去吧，让他给你录一下个人信息，要不系统没你的信息，就是来了也没法干活儿。

我找到了站长，站长说，你要觉得行，明天去办健康证，这个证办得也快，上午办证，下午过来入职。按照站长的意思，尽量是第二天就来干活儿，好替他们把单量顶上去。最近他们这个站点的完成率还没到 95%，都快垫底了。站长如此着急，给我一种无形的压力，感觉自己就像是即将被收监的犯人，马上要被关在这里一样。一方面我羡慕这份工作的薪资，一方面跑了三个小时我的腿肚子都要抽筋儿了，长期干这个确实没什么底气。但这种纠结的情绪我没有表现出来，而是用对眼前一切甚是满意的态度说，好，办完健康证我就来上班。最终我没再露面。

将分拣跟跑外卖放到一起对比，我觉得跑外卖可能更轻松一些，起码能到处走动，吹吹风见见光，不会被束缚在一个仓库里。经过半个月徒劳的逃避，最终我还是决定去跑外卖。尽管也听闻平台有很多苛刻的条规，但我想只要好好干就肯定能赚到钱。

准备跑外卖

　　我是盲人摸象般进入这个行业的，尽管大哥跟我说了一些跑外卖的流程，但实际上我像很多刚入行的骑手那样，对于具体如何跑单，以及背后的规则和逻辑并不了解。某团的跑单模式太多了，平台为了节省配送费用，也为了解决不同时段和场景的配送问题，一直在迭代更新，以至于我跑了一年多外卖以后，还是摸不清里面的道道。

　　按照我的理解，骑手基本上可以划分成三大类：一种是全职骑手，一种是半全职，像乐跑、畅跑等都属此类，还有一种是兼职众包骑手。那种穿着外卖服，有全套装备的骑手，相当于全职，主要受雇于劳务派遣公司，要受到站点管理，且有具体跑单时长、范围、跑单量等约束；乐跑、畅跑这种半专职化的队伍，则是在平台中筛选出来的准时率、好评率高的骑手，他们有固定跑单时段、出勤率、完成率的要求，比全职骑手更灵活些；第三种众包骑手就没有多少硬性的要求，管理上也很松散。虽然平台要求，众包骑手也须受到站点的管理，但实际上属于三不管人员，只要遵守相关规定，有辆电动车，有个头盔、餐箱，就能把活儿干起来，也不需要用某团的全套装备。像那种服装、餐箱、头盔插花着穿戴的，一看就是跑众包的。我大哥就是众包骑手，他的餐箱是某东的，头盔是饿某某的，衣服是某团的。

成为一名众包骑手也简单，在手机上下载某团众包这个跑单软件，认证完个人信息，系统会一步步告诉你如何成为一个可以接单的真正骑手。不过这些都是我后来才知道的，当时注册完账号后，我并没有完成身份认证（我对平台没有太强的信任感，就没将银行卡号输入进去），更不了解后续的步骤。我去问大哥，大哥也是别人教的，说不明白，我想不如就通过正规的招聘软件，让招聘者带我入行。

自始至终我只想做兼职骑手，那样会更自由一些，或许也总还抱着一些期待，想找到更好的工作。

但网上招聘的都是全职骑手，有的招聘者还说现在没有兼职骑手了，只能干全职的，极力给我介绍全职的好处和待遇，说他们只要每天干上八个钟头左右，一个月就能赚1万多。后来我才知道，他们每招聘到一个人，就能拿到100块钱的佣金，要不也不会这么积极。不但招聘者得到的奖励丰厚，骑手介绍一个新人的报偿更佳，我大哥还后悔他没有邀请我成为新骑手，不然他就可以拿到300多块钱的佣金，如果头一个月我跑得好，跑单数量达到平台要求，佣金更是能翻倍，这些我当时都不懂。

我和不同的招聘者聊天，希望能多了解点信息，可他们都说得模棱两可。一开始我以为这种岗位肯定是某团直招的，入职的话就相当于变相进入大公司了，有五险一金，甚至管饭。但实际上，大多数招聘者只是以某团的名义在招聘，他们属于某团的外包。某团并没有自己的跑单队伍，所有配送业务都是外包出去的，一是为了减少管理支出，二是为了规避风险。配送的活儿经过层层分包，由大的分包公司往下逐级划分，最后到具体的站点。也正因如此，一旦骑手遇到意外，很难维权，因为找到所属的派遭公司很难。2024年11月，我大哥送外卖路上正常行驶时，被突然横过来的出租车撞伤，去申请理赔，结果却被拒绝了，理由是对方出了状况才给赔偿，骑手本人是无法享受相关待遇的。这让大哥愤愤不平，他认为每天交的两块五的意外保险费，双方都得保才行，不然这个钱就白交了。我叫他再协商一下，他没去，怕吃力不讨好，就稀里糊涂地放弃了。

刚入行的时候，大家都稀里糊涂的。很多刚毕业的小孩，或者刚从农村进城没有什么经验的人，摊上事儿都不知道从何入手，以为进了大厂上班，结果自始至终都是编外人员，更别提什么五险一金。对于有没有五险一金我倒不是很在意，如果这个行业有五险一金的话，那也轮不上我来跑。

跟几个人事聊热火后，我准备找其中一个面试一下，相较于其他招聘者，她显得更热情靠谱一些，更主要的是她说自己也当过外卖员，跑单很容易，这就给我了一种错觉，好像我真的已经月入1万，很是激动，就跟她定好了面试的时间、地点，但临到头我还是没去。全职骑手必须要在四个时段轮流跑单，即早高峰、午高峰、晚高峰、夜宵。前三个我能跑，第四个不行，有的夜宵一跑得跑到凌晨一两点，对于一个女生来说不安全，另外我也不是很能熬夜。那个招聘的人喊了我好几次，我也没敢再回复。我不知道她会怎么想，估计会很快忘记我吧，毕竟他们每天要和那么多人聊天。

在网上跟招聘的人聊天就是这样，谁也看不见谁，不会有太多道德上的压力，爽约只让我感觉这么做不合情理但无悖道德。有的招聘者见你不搭理，会一直发消息，一天下来有上百条招聘消息轰炸过来。这跟软件自带的识别系统有关，当你浏览过诸如兼职、零工类的工作后，像更多需要出力的家政、保洁、分拣、配送的招聘也会蜂拥过来，问你加不加入。

那几天我不断地爽约，然后在家持续躺平。失业的我的躺平，只是姿态上的，不是心理上的，日渐减少的存款让我很焦虑，每次付款买东西后，我都会很快退出付款界面，假装它不存在，更不敢去查我的账户余额。

终于，3月底的某个清晨，我按捺不住，完成了某团的个人认证，再根据它的指引完成了线上学习，

然后，平台就通知我可以接单了。原来成为一名骑
手是这么简单，根本不需要应聘。虽然这种众包跑
单模式要盈亏自负，并不稳定，但当时我只想尽快
有个收入。

跑外卖：一个女骑手的世界

线下培训

 完成线上学习后虽然可以接单，但只能试跑一段时间，等接单数到达 50 单时，系统就会限制接单。这也算是一个双向选择的过程。想要长久跑外卖必须接受线下培训，我约了好几次都没约上，场场爆满，这是我没有预料到的，不知道是因为他们的场地少，还是因为跑外卖的人越来越多。

 4 月 2 号，我终于成功预约上了，培训点在南邵地铁站旁边的公园门口，离我租住地不多远。之前疫情严重的那两年，城里的号不好挂时，我只能上这种偏远地方的医院看病，上次来看病很幸运地找到了一辆共享单车，这次就不走运了，走了好大一辁辘路也没找到车子，只好走着去。

 到了公园门口，我没找到预想中专门用来培训的房子或是标志，只看到零零散散穿着外卖服的外卖员站着聊天。我在他们边上站了半天，没好意思上去搭话，眼瞅着差几分钟就到培训时间点了，才凑过去问他们是不是来培训的，他们说是。我问，咋还不开始？其中一个大哥说，得等会儿，人还没到齐。我和其他几个看起来有些社恐的人一样，在离人群稍远的地方站着，听别人说话。

从他们的闲谈中得知，那个个子不高、微胖、看起来40多岁的中年男人就是站长，他负责给我们培训，旁边看起来像他助理的女孩，不时问他何时开始培训，站长都说，再多等会儿，人还没齐。看着站长坐在花池的边沿，翘着二郎腿悠闲自在的舒服劲儿，我当时想，给外卖员培训这活儿不孬，以后能当个这样的讲师就好了。我在路边无所事事地待着，不时看到过路人朝我们张望，好奇地看我们在干什么。每回和他们对视，我都有些不好意思，甚至觉得有点丢人。

约莫等了三四十分钟，人才差不多到齐。站长让我们站成两排，等我们都站好后，培训也算是正式开始了。我以为没个仨俩钟头没法结束，谁知道讲了十来分钟就完事了，大意是教我们如何看单、接单、跑单，每种订单类型的要求是什么，以及强调头盔的佩戴。站长说，在配送外卖过程中，一定要把装备整全了，餐箱、外卖服、头盔都得有，如果不弄齐，有可能会碰见不定期的巡检，查住就会限制你接单，还会罚款。接着站长又介绍了某团的跑单模式，按他说的，如果只想跑自己住的地方附近的单子，不愿意跑远路的单子，那就切换到近单模式上，不然会影响派单量。近单模式的派单范围一般是在3公里内，超过这个区域就属于同城单，如果在高峰期，你开通的是同城模式，那系统给你派送的都是超过3公里的远单。

他还特别提醒我们，如果跑近单，尽量别超出常驻区域，也就是自己经常跑单的范围，超出区域系统就不给派单了，如果你送单的位置单子很多，你不想回去，就想在送单的地方跑单，那就把位置修改到你待着的地方。

站长的话让我有点紧张。我本以为跑外卖只要勤快就够了，听起来里面还有挺多弯弯绕，等后来真的跑起来了，我才体会到，一个能赚钱的外卖员的确需要会计算，并不是傻跑就行。

站长还让我们每个人打开手机操作一遍试试。他没有挨个儿手把手教我们，甚至没等我们试，就继续讲其他的了。他还奉劝我们，不要向顾客索要小费。他说，以前我们站点有个外卖员就是订单完成后还赖着管人家要钱，人家确实给他了，但后来也确实投诉他了。索要小费、恐吓、威胁骚扰顾客都是红线，踩不得，踩线会被直接封号，一旦号封了，就没法再次注册了。

在我看来，索要小费纵然不对，可投诉也不一定正确，以我之后的个人经验看，很多外卖员在受到投诉时，是没有办法证明的，经常会蒙受不白之冤。我不清楚那个被投诉的外卖员是不是也如此。站长讲完这件事后，没跟我们说他后来怎么样了，更没人追问，为什么要封号，封号后他去了哪儿，我也没问。临了站长又讲了一些别的事情，接着就张罗着拍培训集体照，拍照完成，挨个儿让我们扫码登记，培训就算结束了。

我怕站长还有事交代，继续在那里站了几分钟，等一大半人都走后才决定离开，步行着去了地铁站。

来培训的没有像我这样走着过来的，他们都有外卖车。我一个人走，心里空落落的，入伙时孤零零地进来，散伙时也是孤零零地走。送外卖注定这样吧，单打独斗多，拉帮结伙少。

办理健康证

别管是去小象超市，还是做保洁、外卖员，都需要办健康证，这是入行的首要前提。健康证有效期是一年，我之前干保洁时办的已经过期了。大哥让我去找人弄个假的，反正系统也审核不出来，他说挺多骑手都是用的假证，一张假证才50块钱，要是去办真的健康证，起码得100多块钱，他不舍得。我不知道某团是系统审核还是人工审核，不想为了省几十块钱而办个假证，就老老实实去做了体检。

离我最近的体检医院在回龙观地铁站边上，之前做保洁时，也是在那里办的证。我在网上认识一个文员，我怀疑她就在那里上班。她之前说过，自己在回龙观附近的体检医院工作，负责核对人员信息，核对好后，把信息打印到健康证上，像有的单位人职体检要求严格，会查碳13的项目，这一项检查没多少人能合格，但是在他们那里体检就可以通过，只要给钱就行。她给我发语音时很小声，很怕别人听见一样，说完她还严厉警告我不要跟别人说，因为他们这么做其实是违法的，要是被抓就惨了。我问她，要是查到你们医院了，你会不会被抓？她说，应该不会。我不晓得她是相信医院不会有事还是她自己不会被抓，但无论哪种情况，感觉她都是一副有恃无恐的态度。我很好奇她为啥有这个自信，她没告诉我。

在去回龙观体检前，我问能不能在大厅碰见她，她说，不可能，我办公的地方非常隐蔽，极少有人能找到，再说了，你体检的地方不一定是我在的医院。

但我坚信她就在我做体检的医院，所以后来我大哥健康证过期时，我就让他去这家医院办证，好歹这里能十拿九稳地拿证。他没去，认为那个医院收费还是高了点，我又给他在我住的村子里找了家能体检的小诊所，所有项目办下来便宜20块钱。

他体检完，拿证在跑单系统进行认证时，怎么也通过不了审核，很生气地给我打电话，你给找哩啥屌地方啊，我说为啥系统审核了两次都不给过，仔细一看，这不是屌性别填错了。他把健康证照片发过来，果然性别栏给写成了"女"，我有点内疚又感觉挺好笑。好在第二天，他跟我讲性别改过来了。

像大哥这样的遭遇，很多人都碰到过，他们为了省钱，大多会在网上找人办假证，或是去一些收费低的小诊所做体检，安全性如何，是否能达到检验标准，这些都是小事，完全不在他们的考虑范围。对于穷人来说，所有能省到钱的事都是好事。健康证的办理更像是做买卖，而非为了客观真实的检测结果，反正又不是真的为了自己的健康花大价钱做的个人体检。再说了，即使个人体检也不能保证结果的确切。

我2010年在医院做过外送员，主要工作内容是把需要检验的各种标本送到检验科。在早晨的收血高峰期，标本筐根本装不下，因为筐子里头一共就16个小格口，一个格口放一个标本。那些放不下的标本，我会随意地把它们挤在筐子的边角。有的标本在挤压过程中会不慎洒出来，一般我会很敷衍地把流出来的组织再装进去，封好盖子拧紧即可，这是其他同事教我的。

有一回，我从重症监护室拿了一个血气标本，它要求把针头扎在橡皮方块上，以防针筒里的气体泄露。我从护士台取完血样标本后，一甩一甩地提着标本筐就去配送了，等快到检验科时，发现原本应该扎在橡皮块上的针头，居然和橡皮块分离了，当时我的腿都吓软了。我问同事咋办，同事告诉我，再把针头插进橡皮块就行，又不是多大的事！她说得那么稀松平常，让我在插完针头后竟心安理得起来，根本不怕有啥不好的后果。最终血样标本顺利通过检测，正常出了结果。从取样到送检到检测，再到出结果，一路下来，根本没有人知道这个标本到底经历了什么。

那时，19岁处于社会底层的我，在面对问题时，唯一的办法就是逃避，这点在我后来跑外卖时也没改变。我首先考量的不是医生护士等着我的结果去救一个人的命，当时的我更在意如何在同一时间干更多的活儿，满足各个科室的配送需求，不被教员、护士、大夫投诉，不被罚钱。要知道，罚一次款我一天的饭钱就没有了，我会因此难过很多天。

当然，我不是一开始就这么懈怠的，开头我拿个标本心里都打颤，怕出纰漏，怕取错、送错标本。这种惧怕心理跟我最初跑外卖时差不多，同时配送俩订单都心里打怵，净是一个一个地单蹦。

第一天接单

　　正式跑单的那天是 2024 年 4 月 7 号，离我注册成为外卖员已经一个月了。我穿上从网上买的外卖服，对着镜子照了半天。为了让自己看起来更板正一些，我将袖口和衣领整理了一遍，让它们熨熨帖帖的，然后坐到板凳上，点开系统开始刷单。

　　某团众包有个优点，即便你不上线，只要点击屏幕刷新，就会不断蹦出来单子。系统里的每个订单都会在右上角处标明取餐位置、自己到商家的距离、商家与顾客之间的距离，还有订单的价格，以方便骑手判断自己是否适合接单。我没有上线，而是先下线刷单，因为一上线，系统为了照顾新手，会优先给我派单，但往往会派些没人抢的难取难送的单子。

　　刚看好一单，上线准备抢，不料被别人抢去了，随后系统给我派了另外一个价低的单子。我盯着派单界面慌得很，订单上面写着 10 秒接单倒计时，如果没有点开"自动接单"模式，到最后一秒没接单，系统会为你自动拒单。我连忙给大哥打电话，问他接不接，他说，钱合适接了也行。

当我回头决定接单时，那个单子已经自动被拒了。大哥说，没事，这个不扣钱，就是会影响系统给你派单，一天里面一共有 10 回拒单机会，有哩是有责拒单，有哩是无责，有责拒单次数多了系统就不给你派单了，无责拒单没事，你那个是有责，无责？我说，我没看清。他说，有责也没事，你是新手期，有保护。

挂断电话，我继续坐在板凳上紧盯着手机，等待着新的单子派过来。我上线的时候，差不多 12 点 50 了，接近午高峰的尾声。这个时间点，在市中心单子可能还很多，但在我住的沙河附近就很难了。像大学里，基本上是 11 点半左右单量开始增加，小区、写字楼、附近城中村里的订单高峰也差不多是那个点儿，等热力（也就是订单量）下去后，还会有些零零散散的单子蹦出来。我接第一单时，很多骑手已经在路边待着了，不是太累想歇脚，是系统实在没单子可派，在商家门口看到我取餐的骑手，眼神很是羡慕。

我接的第一单来自一家汉堡店，离我住的地方也就 1.8 公里，骑车几分钟就到了。配送费是 6 块钱，这个价格是按照商家到顾客地址的距离来计算的，平均 1 公里 2 块钱。至于自己到商家的这段路程，则是骑手自负。汉堡店在路边，也有自己的招牌，可我愣是没看着，那条街上小快餐店太多，一家挨着一家，地方小，牌子自然做不大，我经过汉堡店绕了一圈回头时才看见他们家的牌子。走到店跟前我没直接进去，很怕，心脏"咣咣"地跳。正式跑单前，我接受过培训，从如何认证个人信息，到如何点击到店、取餐，如何配送，如何点送达，送餐礼仪等，都简单易懂，但是这会儿我好像全忘了，想返回去再看线上资料，却怎么也找不到，在门口站了好一会儿才有勇气进门。

我走到吧台跟服务员说，我是某团的，取一个汉堡。她继续忙活着手里的事不搭理我，我心里更慌了，问道，餐在哪里？她努了努嘴说，那儿。她表情很冷漠，不耐烦，兴许是每天都有很多人问她这种问题，她回答得烦了，也可能是繁复的工作榨干了她的耐心。我心里没有埋怨她，只是感到窘迫，脸涨得通红。我顺着她努嘴的方向看，果真看到吧台上有个外卖袋子，但我不知道咋看取餐号，就拿出手机给她看，说，这个外卖咋看单号，你知道不？

问完后，我觉得有点尴尬，哪有外卖员问店员咋看单号的，便没好意思再询问，怕人家笑话我。上上下下仔细看了一遍订单我才明白，右上角#带数字的就是取餐号，只要跟商家出餐的餐品袋子上的取餐号对上，点击确认取餐就可以拿走了。一开始我以为点不点都行，等到了地方才知道，如果忘记点取餐，到了顾客楼下现点时，五分钟之内都无法点击确认送达。

我将取好的餐放到车篓里，小心翼翼地，生怕它被车筐子扎个窟窿。如果从旁人的角度看，我的骑车姿势相当怪异，因为我没有手机支架，骑车时，我还得一只手拿着手机导航，另一只手在掌把的同时紧紧拎着可乐，好像整个人趴在车子上。

在离小区还有 50 米处，我就下了车，主要是看到门口有保安，不敢将车搁到碍事的地方，直接停在了离小区挺远的路边上。保安大叔看我不骑车进去，就跟我说，车子不用停外面，我们这小区没这么多讲究，你可以骑车进去。我连连跟大叔道谢。

我送餐的巩华家园北一村着实不小，它应该是附近村子的回迁房。据说之前沙河地铁站附近破烂且穷，是随着后来的拆迁还有周边产业园的兴起，这边的人才变多的。

以沙河地铁站为轴心的建筑大致分布结构有点像波纹，靠近地铁站第一圈是回迁房及普通小区、写字楼，第二圈是城中村，第三圈是高档小区及别墅区，第四圈是密集的各大高校，有中央财经大学、北京邮电大学、北京师范大学、北京航空航天大学、中国矿业大学。这些大学会形成高峰期大部分的火力，但这种送往高校的订单，只需要将外卖放进柜子里便能走人，属于好单子，即使扫个外卖柜要花四五毛钱，很多人也喜欢送，很难轮到众包骑手头上，都派给了团队骑手。还有我手上要送的这种不需要爬楼梯、楼间距密集的小区的单子也不是很好抢。

这种小区的房子是多家合租为主，条件稍微好点的，还会整租一套房，条件差的才会拖家带口去于辛庄村里住。像我在于辛庄租住的这个公寓，好多一家子三四口的，都挤在不足30平方米的小房子里。不光我住的公寓如此，很多地方都是这样。我之前管理的一个保洁，她和女儿女婿住的地方更小，连20平方米都没有，女儿女婿住卧室，她睡在地上。即便条件如此苛刻，她也住不下去了，因为孩子的奶奶要来，她不得不为自己再找个安身之所。她以前经常跟我埋怨自己傻，把农村的房卖了，把钱添给闺女在城里买了新房，以后回去连个落脚地都没有。

她说的这话我倒是有些共鸣，在农村老家，我也没有自己的房子，按照官方说法，我在村里没有哪怕一寸的宅基地。我们家三座宅基地，一座写到了大哥名下，一座写到已经在西安落户安家的二哥名下，我爸妈住着，一座写在我爸名下，这座荒着，还没起屋。每次回老家，我都没有专属于自己的房间和床，睡的地方也不同，有时候没地方挤了，还会睡在地上。在北京可就不同了，我在这边尽管搬了几次家，可睡觉的房间和床会暂时归属于我，不会被别人定义这里该谁睡，那里该谁睡，这也是我在北京待着习惯的原因，它能短暂地给我脚踏实地的东西。

有时我跟朋友聊天，在提及我的出租屋时会将它说成"我家"。朋友问我，你家？你是本地的？在他们的概念里，"家"意味着落地生根，有家人守候，我连忙改口说，我租的房子。

我送餐的顾客住的地方看起来也正是这样，像是租的地方，也像是家。敲门后，一个男的应声开门，他上下打量了我一番，眼神中带着些许惊讶，并露出奇怪的神情注视着我。我心里有些害怕，尽量让自己显得冷淡疏离一些，并迅速瞥了一眼他身后的房间，只见客厅一角凌乱地放着一些玩具，似乎是个有家室的人。我的警惕性稍稍降低，以极快的速度将餐递到他手中，随即转身按了电梯。

等我听到身后的门关上的声音，才松了半口气，剩下的半口气，是等电梯到了我这个楼层时才彻底松下来的。

干外卖这个活儿就这样，先把别人想坏总比想好强，起码这么想我会更安全。我在做保洁时不是没听说过强奸女性的事，那会儿同宿舍的一个保洁大姐还告诫我，上门不能打扮好。这话我是真听心里去了，如今我做外卖员更不敢穿太好，天天灰头土脸的，让别人都懒得看我几眼。不过很多时候，女性即使穿得邋里邋遢，也会被一些男的盯上。

跑外卖：一个女骑手的世界

"外卖村"

　　我最初跑单的地方在北京昌平区沙河镇于辛庄村，一个名副其实的城中村，我从 2020 年就租住在这里。一开始我和前夫住在村头，是个大一居，30 多平方米，月租 3500，离婚后我搬到了村后头，20 多平方米，有厕所和客厅，月租 1800，就是蟑螂太多。经常在睡梦中，我会摸到蟑螂在我脸上爬，迷迷糊糊把它一甩，丢到客厅里。

　　我对于辛庄的定义就是"外卖村"，这里住着很多外卖员，对外卖的需求量也大。在于辛庄未拆除十几座公寓前，这个村里住了几万外地年轻人，上下班高峰期时，地铁站外排的队伍经常有两三百米远，天气恶劣的话这个队伍会加倍增长，公交站前也会挤着满满的人。早高峰时他们奔往市里，晚高峰时再奔回，天天如此，像一群来回倒卖时间的人，一转眼一天就倒腾没了，这点倒是跟送外卖挺像。

大家住这里，一是离地铁近，二是图房租低廉，有些人哪怕月薪好几万，也会在这找个地方落脚，更别说像我这种收入欠佳的人。在这里住的人，有些好像是彻底放弃了自己，有年轻人在路上当街撒尿的，有吃饭赖账的，还有什么也不干混吃等死的，还有在家修行的居士。这常常让我有众生平等的感觉。

于辛庄村说小不小，说大不大，从村头到村尾得有 1.6 公里，店面一家挨着一家，鳞次栉比，有的不舍得租店面的，还会在店与店中间摆个摊子，卖点水果、煮玉米、烤肠、鲜花啥的，反正不论什么摊位前，都会逗留些许打工人或附近的民工。大家在这些小摊子上买一是图省事，二来价格也便宜，花十二三块钱就能吃得饱饱的。2020 年我刚住进来时，还没城管专门跑村里检查，但在 2022 年到 2023 年之间连续不断的封店、排查，让很多人干不下去了，只得另谋他路。我不知道他们去了哪里，但看到原来去地铁站接送人的黑摩的增加了许多。

像于辛庄这样的村庄，附近有很多，比如紧邻的松兰堡、辛力屯、上东廓、下东廓，还有更远的百善等，都住了数以万计的年轻人。这些村子长得都差不多，大多是由本地居民盖的自建房，它们一栋楼紧贴着另一栋，如果门上不挂牌子，很容易让人晕头转向。我的朋友马晓康尽管来过我这里好几次，还是记不住我房子的模样，因为它们看起来太像，而且，挤压在一起的房屋让路显得凌乱不堪，像一条条纠缠在一起的蛇。对于熟悉这里的人来说，无论从哪条小路走，都能钻到自己的公寓里；而对于不熟悉的人，如果不导航，人很难从村子里走出来。

每回晓康来找我玩，我都要重新带他认识村子里的路。这跟他有没有方向感无关，而是村子里的变化太大，不是拆了违建的公寓，就是在修路，或是有些街中心的底商因经营不下去，改头换面，成了别的商店，跑外卖后，这给我找商家和顾客位置带来了困难。

同样给我带来困难的还有村里的路。我刚跑单那会儿，村里在修管道，大概是为了方便排水吧，村子因此显得更加凌乱不堪。道路是一截一截修的，而不是全面开工一气儿弄完，这样一来，前一段路刚刚修好，后一段路便被挖开，赶上下雨，路面就跟猪圈一样，又泥泞又难走。我每次回家或送餐，要像过五关斩六将那样绕好几道弯。

我常常很好奇，他们为什么管子刚埋下去，过不了几天又挖出来，再埋一遍，好像强迫症患者。整个 4 月下旬到 6 月左右都在修管道，好容易等管道修好了，他们又把路撬开，重修什么东西。我经常骑着骑着车子，突然看到前面一个小坑，再急刹车就来不及了，只得硬着头皮开过去，一个几公分深的小坑就会让车子弹起来，并使它发出哐哐啷啷的声响，好像再颠一下我的车子就散架了。一般这种事情发生在晚上，白天也偶有出现。骑车时，我会记住哪里有坑，哪里有减速带，哪里又容易翻车，赶上单子少时，看到路上并不是很容易发现的坑，会去村后的树林里找砖头、石块把坑填上。这么做确实会起到一定作用，我在于辛庄村主路上填过一个大坑，没过几天再次路过时，发现我填充的石块被拿走，换成了沥青，修得平平整整的，这让我很高兴。我也不是为了改变世界才做这些小事，而是为了自己不坠落。

在这个村里住，不出钱的好事我可以顺道做一下，出钱的我就会犹豫了，毕竟我也不富裕。即使富裕，我想我也不会捐钱，宁愿捐赠物资。有时我会把自己用不完的一些物品装进干净的塑料袋子里，放到楼下自己的电动车餐箱上。通常，我前脚刚放上去，后脚东西就被人拿走了。

我们楼下有挺多捡破烂的人，以老年女性为主，她们有时会为谁捡哪一片的东西而大吵大闹，有好几个看起来好像有点肢体或者精神的残疾，好在她们只是动口不动手。在最无助时，我也想过捡破烂，村里垃圾那么多，无论怎么捡也捡不完，那些外卖包装袋、生活垃圾很多，早晨空出来的垃圾箱到晚上就堆得冒尖了。村里狭窄的过道里摆满了电动车，还有垃圾桶，稍小的公寓楼下会摆一两个垃圾桶，像我住的公寓楼比较大，放了四个。

村里提供娱乐的地方并不多，除了村头的网吧和村中心的一家台球厅外，就没有什么休闲的地方了。大概住在里面的年轻人回去只想吃吃喝喝、看看视频、玩玩游戏，然后倒头睡觉吧。满街满巷都是吃喝的店，还有好多成人用品店，像什么公园、小广场是没有的——原先村子后面有个可以跳广场舞的小广场，还弄了些基础的健身器材，自从 2023 年大暴雨后，村里为了泄洪将其拆除，改成了停车场，从那以后就再没建过休闲场地。可以说于辛庄不留闲地，那些被拆除的违建，很快就被村里给平整好，也弄成了停车场，这肯定比搞休闲场所要英明合算得多。

如果想要散步就得出村子，去村子后头的小树林和河边才行。那里有成片的树木，河水也清澈，只是不晓得那水是不是河边污水净化厂里排出来的，闻起来有股怪怪的味道，不像我小时候河水的味道。就算这样，一到天气不太冷了，河边就天天有人在玩水、钓鱼，还有搭帐篷的。我以前住在村头时懒得过去，从村子里面走出去要 2 公里，等后来搬到村后头时，才偶尔去走走逛逛。

对于这个村子的生活环境，我基本上还是满意的，至少在这里买东西方便，房租便宜，而且我那个房子还是有电梯的，上下楼也方便。唯一不好的地方就是我房间在马路边上，来来回回的摩托车、电动车发出的噪声很影响休息，而且我房间的正下方是个垃圾站，每天早晨 5 点就开始收垃圾。我给"12345"打了电话反映也没用，说是每天收垃圾的时间是固定的，没法改。当然，即使有这些问题我还是会选择留下，要再找像这样划算的房子，很难了。

我住的这个村里的很多房东，都是转买了别人的房子的外地人，就像我的房东，他人在国外，从来都没来过这里，连自己房子长什么样子都不知道，更不知道我们这边房租的价格。其实我这个楼同样户型的房租在 2020 年就涨到 2500 了，但我从来没跟他说过，像屋里有什么设备需要更换、维修，我都是自己先修好后拿着单据找他报销。不过，我也很少修什么东西，怕哪天房子突然拆了，东西不好搬，所以生活各方面能将就的就将就些，能不添大件就不添大件。这也符合房东的心意，有次他还问我，你觉得 6 月份房子会不会拆迁？

我也不知道，但还是跟他说，应该不会。

他说，不知道哪天轮到我们，静观其变，听天由命吧。

2023 年村子里开始拆迁，很多公寓被拆除了，在公寓一楼的底商也受到牵连，接连撤了很多店。

我认识其中一个小店的老板娘，她去年在屯佃开店，开了没一年，就遇到拆迁，今年刚搬到沙河，还没捂暖和屁股，又叫搬走。自拆迁起大家就人心惶惶，不晓得哪天住的地方就没有了，但又听说像我们这种有电梯的房子不属于违建，应该不会拆除。我不知道这个传言的真假，总感觉自己哪天说不定就搬了，就尽量不囤积太多东西。不过自从村里又是修路又是修管道后，我心里的弦就松了下来，想着大概是不会拆了。

在村里跑单

送外卖之初，我记不住规则，也搞不清楚系统的派单、接单模式。有时，在抢单大厅里会有超过10块的单子，我看单价高就去抢，等打开导航送餐时，才反应过来是因为距离远单价才高的。有一回我还抢错一个取餐位置离我10公里的订单，我的那辆破电动车根本撑不了那么远，于是果断取消了。等第二天看账户余额，发现少了好几十块钱，一查，原来是取消订单的罚款。我不服气，给客服打电话，为什么要把离我那么远的单子放给我看，这么做很容易让人抢错单，我是个新手，应该给我免责。客服说，这种情况是不能免责的，建议您下次抢单时看好单子，以免给您造成损失。客服说得礼貌而无用，我再继续纠缠也没意义，遂挂断了电话。某团扣款的原因很多，我踩了好几天的雷才知道像超时、提前点送达、虚假点送达、差评等都会扣钱，这些扣款有的申诉能通过，有的不能通过，我违规的订单都没通过。单是跑外卖的第二天，我就取消了四个订单，其中两个我用给新骑手的免责卡豁免了扣款，另外两个则实打实地扣了钱。我那天总共赚了 80 块钱，扣掉罚款后，就剩下 30 来块钱，看着那点钱，难过。

很多摸不准某团规则的人，到这个阶段会像我一样有放弃的想法。这整得我很犯难，本来我是打算跑得好就开始投入装备，保险起见，决定还是试一段时间再说。

那段时间，我基本都是在于辛庄附近跑单，不愿意跑特别远的单子，太远我心里发慌。再者，于辛庄地铁站周边好歹有一些较大的商业中心，订单也还算多，可以暂时先跑着看。我的计划就是把于辛庄周围都跑熟练。

在村里跑单是一件让人很恼火的事情，本身路就被截得跟狗吃屎一样，加上村里公寓和商店太多，很多地方定位就算是准的，你也分不清哪家是哪家，就算分清了，一绕弯人就蒙了。

先说店铺。有的商家不是在公寓楼的正面而是在背面，还有的在地下室或是楼上，这是我完全没预料到的。按我没跑单前的想象，所有的商家都在路边显眼的地方，它们有自己的牌子，很轻松就能找到。事实是，只有极少数的商家有独立门面，大多数则是一窝蜂地挤在一个共享厨房，不到200平方米的面积里挤了十几个商家，每个商家的铺面很小，只能容纳一个做饭的灶台，外加不锈钢桌子，桌上一半放调料，一半用来打包、放外卖，说是一半，实际上只有一小块地方。到这种密集的商家取餐倒是方便，老骑手同时拿七八个甚至十来个单子也不会超时，除非是有出餐慢的商家卡餐，那就另当别论了。

再说顾客的定位。平心而论，平台的定位是非常准确的，导航路线也比某某地图导航精确，但有时也会出岔子，尤其是在面对城中村这种特殊场景时，很多地址都是堆在一块的。比如说，有的公寓楼下是底商，标记的名字也是底商的名字，进出的门都在夹缝中间，很难找。即使有的顾客会在备注上写清自己在什么位置，旁边有什么标志，但对于我这样的新手来说依旧很难找。

所幸的是，好些次在我找不到地方时，身边人看我徘徊张望，会很热情地给我指路。我喜欢跟外卖员问路，一是同行比较有亲切感，二是他们对地形非常熟悉，不大可能指错路。有的外卖员怕我找不到地方，还专门领着我过去，甚至眼看着我找到地方了才离开。如果没有人可以问路就比较麻烦。有回我接了一个从村头取餐，送到于辛庄村里需要爬到四楼的单子，像这类订单老骑手都不接，地方不好找不说，还得爬楼，钱给得也少，顶多是在原来配送费的基础上加几毛钱，很不划算。我选择接这种单子，跟我不懂拒单有关。当然，我也想借着多跑几单来熟悉地形。

　　取餐的地方在村口高科摩擦材料有限公司边上的楼里，一共有四层，第一层、第三层、第四层的利用率都比较高，每层十几个商家，一格格地紧挨着，只有第二层一大半空间是关着的，听一个外卖员说，这里原先是有很多商家的，疫情期间生意惨淡，很多人就撤店了。

　　那是我第一回去这个楼，不知道怎么进去，找了两圈才找到电梯。到了三楼，电梯门开的瞬间，一股奇怪的味道扑面而来。迎面看见一个吧台，杂七杂八放了些东西，吧台的边上是个过道，很狭小。过道的左边有很多商家，像淄博烧烤这类我以前在某团app上才能看到的、舍不得花钱点外卖的店突然出现在眼前时，有种奇怪的亲切感，没想到那些高大上的连锁店会出现在这种场景里。我在半圆形的过道里来回走了一圈，最后才在一个斜角处找到酱骨店。

不足十几平方米的屋子左边放了一溜类似保温桶，但又比保温桶大上几倍的桶，桶里装满了骨汤，隐约还能看到里面的骨头。一个看上去三十出头的矮胖男人正拧开龙头接骨汤，接好后，他又将餐盒放到对面架子上的微波炉里加热，随后，从放在地上的锅里捞出来一些带肉的骨头，盛放到新的打包盒里，放在另外一个微波炉里加热。

有些商家为了保证高峰期的正常出餐，往往会提前准备好食材，坐等高峰的到来。通常情况下，他们会同时开好几个微波炉，即使这样，高峰期单子多时还是准备不过来，特别是像那种只有一个人打理的店面。

我说，你该多找个人，自己忙不过来吧。

商家连看我一眼的时间都没有，边忙活手上的活儿边说，干这个本身就赚不了多少钱，再找人更不行了。

他把餐放到微波炉里挨个儿打热了三五分钟，才将餐品拿出来装到外卖袋里。说是外卖袋子，实际就是个塑料袋。塑料袋成本低，一个顶多一毛钱，要是外卖袋就贵了，没个一块钱的成本根本拿不下来，村里许多商家为了省钱，都是用这种塑料袋。再说，这边的人也不是很计较外卖包装是否高端大气上档次，也不在乎出餐的环境，只要能填饱肚子即可。

由于找店耽搁了些时间，待我取完餐已经过去了 5 分钟，一看配送时间只剩下 20 来分钟，我有点心里着急。

这个时候正是上下班高峰期，路上人很多，有的驻足在小摊小店前面等餐，有的则三两成群横行在马路上，如果你不按喇叭，根本不会有人主动给你让路。还有一些专门来回于村里和地铁站拉人的摩的，根本不管你要不要过去，自己闷着头开，像这样的车子开得很快，"嗖"一下从你前头飞过，有好几回我都被吓出一身冷汗。要再赶上有汽车顶头开，那没个十分钟八分钟是过不去的。

有些着急送餐的骑手会左右观望，像章鱼那样灵活走位，无论多窄的缝隙都能钻过去，丝滑地从别的小胡同里绕过去。我刚开始骑车，对速度和宽度感知力本就差，不敢像他们那样贸然行动，怕偏离了导航路线找不到顾客的地址，只好跟在汽车屁股后面慢慢走。

好容易到了地方，导航也自动关闭了。在胡同里我来回找了很多遍，也找不到写着"富地家园"的牌子，这些公寓看着模样都差不多。无奈，我给顾客打了个电话，询问他怎么走，他只是说，你看到一个超市往里走就行了，就在它的旁边。我说，我刚开始跑外卖，不知道您说的地方在哪里，能不能麻烦您出来接一下。对方很不情愿地说，哎呀，我懒得爬下楼了，你问问别人吧。

挂断电话后，我在超市旁边的胡同里又仔细找了一遍，还是没找到，又给顾客打电话。他说，你没看到它旁边的胡同吗？有个铁楼梯在外面的，一眼就能看到。他的语气很不耐烦，这给我带来了很大的心理压力，我赶紧说，那我再找找。

这次，我绕到超市另外一边才找到他说的公寓。看见他后，我不断跟他道歉，他没多说话，转身就走了。等他取了餐，我才赶忙给订单点了送达，好在他并没有投诉我。

找错地方或者找不到地方还是小事，最麻烦的是取错餐，把别人的餐取走了，自己的落在那儿。头几天送外卖时，我只看订单上的取餐单号，没看餐号前写的是某团还是饿某某，好几次都取错了，耽误了自己的事儿不说，还连累了对方骑手，自然免不了被一顿训，只能连连赔罪道歉。

整个跑单过程我都神经紧绷，单子全都送完后，我心里感到一阵畅快，才有精力去关注周围闹哄哄的世界，才会注意到我自己的存在。在送单时我是不会注意到我自己的，不会在乎我是男是女，我的整个神经包括身体都被手里的订单牢牢拴住，让它们牵着我走。

体力上的挑战

最初跑单时，我并没有完全意识到自己在做的是一份职业，或者说正正经经的工作，因为我入行的时候正是淡季，单子实在是少得可怜。不光我没有单子，很多外卖员手上都没有，他们也不回出租屋歇着，就干干地等在热力点。在跑单软件中，系统为方便骑手判断附近单量，就设计出了热力地图，它相当于订单量分布图，图中会标明当前位置订单量、骑手人数，颜色越红订单越多，大多骑手为方便接单，就待在颜色深的点位上，这个就叫作热力点。那会儿我也不懂什么叫热力点，送完单子清闲时，就东逛西逛，在半路看到好看的风景就会停下来。

春天，沙河附近常能看到成片的各色野花，我看到后心里痒痒的，忍不住给花和树还有阳光拍拍照，那是我送外卖生涯中最放松的阶段，每天跑个七八单也不累，在骑行和等单过程中身体上的疲惫感很快就会消失。以前不跑外卖时，我基本上是在于辛庄村附近转，很少去远的地方，顶多上沙河水库边上走走，根本就不知道附近有那么多好看的地方。送外卖后，我一天里头半天时间都在闲晃荡，那个春天，我感受到树叶是怎么一点点绿起来的，花是怎么开的，附近的很多小村子我都溜达遍了，跑单的每一条路线都像是探险、游历，也就不觉得送单是一件多么枯燥的事情。送完单子，赶到有河沟的地方，我会把车子丢一边捡石头去，我的屋里渐渐摆了很多捡回来的石头。原本看起来风格独特的石头，拿回来一看就平平无奇，没有了河水的冲刷和滋润，显得干巴巴的。有一回倒是看到一个很不一般的大石头，隐隐约约透出来玉一样的绿色，就抱着它往坡上走，那块圆润的大石头得有二十多斤重，抱不多大会儿我就没力气了，将它丢到了水坑里头。也许我错过了一次暴富的机会。

随着跑单时间的累积和等级的提升，我同时可配送的订单从原来的 2 单逐步上涨到了 5 单，这让我很难再有闲心去晃悠，而且跑单多了也没力气做别的事情，精力不济，很多活儿都是咬着牙硬干的。

很快，我就因为体力差而被上了一课。最初跑单时，推车子我都觉得吃力。我骑的是平时用的代步车，没有脚腿，只有后面的脚撑子，弹簧很紧，每次停下来取餐和送餐都得把它压下去，才能将车子放正，提起来时，脚、胳膊及全身都得使劲儿将电动车向后一拉，如此来回几次身上就没劲儿了。后来买了新车后这个问题解决了，但是换电瓶也是个力气活儿，有的换电柜格口很高，我得把电瓶举到头顶，再塞进去。一个电瓶少说得有 10 多斤，稍微重些的有 40 多斤，我将电瓶举到头顶上方的小铁柜子里时，整个身体都是抖的。像这样的换法，一天最低得来个四次，换三次都不行，换电次数少了半道容易没电。

在稍微繁华的地方，换电站还多些，如果是地偏人烟稀少的位置，得骑好几公里才能找见一个换电柜。头一回车子没电误到半路上，可是让我吃了大苦头。当时手上还有一个餐没送到顾客手中，也是巧了，他给的位置也不准确，我看车子完蛋了，就扫了辆共享单车，一路骑过去。顾客看见我骑共享单车送外卖，笑话我说，你们跑外卖的都骑自行车送餐啊？我解释说，不是，我的车子没电了，骑车子送不得累死。他嘻嘻笑着回头看我好几回。

送完了餐我又折返到电瓶车附近，把电瓶取下来，放到共享单车的车筐里，骑着车子去换电。还没骑一公里，腿就软了，车子太沉，前面车筐里的电瓶也甩来甩去的，让骑行变得更加困难。

更祸不单行的是，我要换电的地方离我2公里多，自行车蹬到半道时，前头有个两米深的沟。导航显示这条沟是无法绕开的，这意味着我还得把车子推到坑底，再推上来。本来我想趁着下坡的惯性冲上坡的，谁知道半路一个老头突然骑着一辆电三轮从我面前穿过，吓得我赶忙刹住车，车子刚好在坡底。这给我气够呛，我用老头听不到的声音骂道，你瞎骑什么。

费了好大劲儿我才把车子推到坡上面，本以为上去就好了，谁知道坡上面的路也很难走，大雨过后的路面满是烂泥，有的路段还铺着沙子和石子，骑车时车轱辘深深陷入其中，别提多费劲。一路上我不断骂换电站为啥这么少，也骂路，为啥别的路好，单单是我去换电的路这么孬。骂完了路，又骂自己，忘记换电就算了，还扫个这么沉的车子，刚开始骑的时候已经觉得很沉了，为啥不再扫一辆，就为了懒省事儿。好容易到地方了，我累得瘫坐在地上，半天才有力气将电瓶换出来。

给车换好电都 12 点多了，一中午算是废了，别管上哪儿都没啥单子。就在我责备自己错过午高峰赚钱时机时，系统突然给了个大单子，一公里竟给到 20 多块钱，这让我喜出望外。

所谓大单指的是单价高、配送难的订单，当然，不一定都是过重过大的商品，也有可能是餐费高或是距离远的订单。我点开餐品详情一看，是将两桶 10 升装的水送到三楼，这种单子其实可以直接以"物品过重过大"为理由取消的，可我初来乍到不懂规矩，只能硬着头皮上。别的外卖员看我拎着两桶水，说，你这是中奖了啊。我报以苦笑说，就是。送到地方，我原想的是让顾客自己下来取，电话拨通后我听是女的，没敢吱声，怕人家投诉我。我先把一桶水运上半层楼的平台上，再回去提另外一桶，来回倒腾着几次，才终于将它们送到楼上。

往楼下走我才意识到累，两腿、两手都发抖。搬东西时注意力都在搬上，根本没有在意过自己，搬完东西了，我才是我。揉了揉酸胀的胳膊，捶了捶腿，我知道那根本无法缓解我的疲劳，却还是想给我的肢体一个动作，这也许是种欺骗，告诉它我也比较关心它，好糊弄它干更多的活儿。跟我一块捶腿的，还有另外一个大姐，她也是拿了个大单，特大号的购物袋装得满满当当的。她费劲儿将东西从车上卸下来时，我远远看着，并没上去帮她，不是我不想帮，是没力气帮。

不得不买的外卖车

从某种形式上讲，交过 100 块钱的保证金，接受完所有的培训和资料认证，就是真正的骑手了，什么类型的单子都能接，可从装备上讲，我自认为还不是，很多骑手专用的东西我都还没有，比如手机支架、头盔。半路上老有骑手看我就骑个代步车，头盔也不戴，回头大声跟我说，牛逼！刚开始我以为他们是夸我牛逼，后来才知道是夸我不戴头盔牛逼。有个实在看不下去的男骑手跟我说，不戴头盔会被叫去二次培训，我才去买了一个。

最重要的当然还是骑行工具。跑外卖是个对速度要求极高的行业，想要接更多的单子，首先车子得能跑起来，大部分骑手骑的都是踏板电动车，时速最低也得有个 45 公里，稍微次点的，看起来破破烂烂的外卖车时速也在 40 公里左右。而我一直骑的是平时用的代步车，最高时速才 28 公里。那会儿我还没有想好是不是要长期跑外卖，不想贸然换车，毕竟一辆车动辄要上千，再加上配套设备得接近 2000 块钱，我不舍得做那个支出。我那辆老代步车像个老太太，走也走不快，跑又跑不远。它的续航能力也差，有次送一个同城单时，突然没电了，我推着走了 2 公里才找到充电桩。

2021 年后，于辛庄里的电瓶车越来越多，要想充个电，还得去好几个充电站找空位。有时候，为了找便宜的充电桩得走个一二里地，四处找来找去固然麻烦，可想要省钱也只能这么做。像我楼下的充电桩充两小时 1 块钱，还有一小时 1 块钱的，不划算，我宁可多走点路去找中国铁塔，充好几个钟头也就几毛钱，按一天充 6 小时算，至少能省下 3 块钱，长期用的话那可不是小数目。

省钱的充电桩很多人都抢。有时，我刚把人家充满电的车子费劲腾出来，还没待自己的车子推进去，别人就已经占了我的空位了，碰上说理的人还好，要碰上不说理的，你吵架也没用。更可恶的是，有些人不等你的车充满电，就给你把充电器拔了。有次，我的电动车还没充上五分钟，软件上就显示我的充电器被拔了，我的火"腾"一下就上来了，大有找人打架的架势。我气冲冲地奔到充电站，很暴力地把那根抢位置的充电线拔下来，重又将我的充电线插上。我以为这次可以一劳永逸，谁知没过几分钟我的线又被拔下来了。这回我是真的火了，连饭也没顾得上吃，就下楼去蹲守拔我线的人。

我坐在我的电动车上等了约莫十分钟，过来一个看起来二十左右的女孩，她看到那辆被我推一边的电动车，前后瞅了一圈，就打电话给她朋友通风报信，说电动车的线被拔了，还用难听的话骂我。我火很大，但没发出来，只是过去提醒她不要拔我的线了。说完我没走，继续在那里待了几分钟，怕她又拔我的线。没想到麻烦来了，她叫来一帮年轻的男男女女，为首的男孩一口脏话，对我又骂又推搡的。有过路的骑手看不下去，想劝解男孩，他带着一块骂，夹杂着"臭送外卖的"之类侮辱性的词，一下子惹毛了预备从中说和的骑手。

外卖行业看起来很松散，实际上你要真有事了，相互之间还是能指得上，好些路过的外卖员也都放下手上的餐来助阵。双方推搡吵嚷了半天，要不是有人说报警了，还没个完。

经此一事，我痛下决心要换个新车，既是懒得再跟别人争斗，更是厌烦了到处找充电桩。

我先去村里几个修车点打听，看看他们有没有跑外卖的车子。找这种店买车子好处很多，如果出了质量问题能找到人，还能换件，要是在网上买就不好说了。那几天，村里所有的店我都问遍了，都说没有外卖车，后来我才知道，有的店是有车子的，但他们可能搞不清我的来路，怕我是暗访的人，不敢卖给我。2024 年，北京开始禁止 54 款电动自行车售卖，涉及一众品牌，说是在对电动自行车及其蓄电池抽检时，不仅发现产品质量不合格，还查出有些电动自行车销售门店私自"解限速"的问题。根据监管部门制定的相关规定，电动车的行驶时速不得超过 25 公里，重量型的电动车不得超过 40 公里，超过 50 公里的电动车按电动摩托算，必须上牌子，并受电动摩托的规定管理。很多商家卖的外卖车，都是违规改装过的，他们怕车子被查抄，在售卖时就极为隐蔽。

我辗转多天多地也未果后，决定上某宝看看。

某宝上稍微结实好看点的全新车架子动辄三四千，这完全不在我的购买能力内。如果退而求其次，给我的代步车加配新电瓶也不行，续航里程达到200多公里的电瓶也不便宜，没个一两千拿不下来。而且这种自用电瓶冬天非常不耐用，原本能跑200公里的，冷的时候最多跑150公里，要是全职跑外卖，这个里程是不太够的，还不如只买个车架子，再去租电瓶更合算。单独买个车架子就没必要买全新的，于是我又逛到了某鱼。

在某鱼上，有的售卖者会标明自己是个人转卖，但大多以二手车贩子为主，他们通过各种渠道购入的二手车转手又挂网上，这一来一去赚上个百八十块不是事。这里头的内幕，也是听我在济南倒腾过二手电动车的堂弟说的。他先在二手网站上挑些成色好的，买回来后再挂到自己的号上倒卖，有些着急用车的，也不是很在意贵个百八十块，只要车子好就行。我堂弟是单纯在二手网站上自己来回倒腾，赚个中间差价，像北京有那种专门倒腾车的二手车贩子，他们收车渠道就多了，平时会处理好跟外卖员的关系，外卖员会将车源信息引荐给他们，或是介绍人来买卖车。

　　在没打入外卖情报组织前，我无法找到靠谱的线下购车渠道，问过几个趴单的外卖员，他们都只给我个大致地名，还有的人答应给我介绍新车源，等了两天也没信，我只好上网自己淘车。

　　我在某鱼买过几回东西，以小零件为主，也卖过闲置品，大致知道如何判断对方的货是否靠谱，可让我以过去的经验去买车还真没信心。首先，通过看别人的买卖记录来确定对方身份这招就不行，有的人卖了东西以后直接删除了买卖信息，根本无法确定对方是二手车贩子还是个人转卖。其次，通过照片无法看出车子有没有暗伤，大多数车子的外壳都光鲜亮丽，有的还是专门清洗过的，从图片上很难判断车辆内部成色。还有，电动车这种家什单价高，也不方便邮寄，就是看好了车子，总不能让人给运过来，只能挨个儿去试去体验，这又需要花很多的时间。还有，作为女性，要想买到脚刚好能够到地的车子，必须现场试车，因为车子太大脚可能够不到地，太小又动力不足，很容易爬不上坡或是过街天桥。

　　有的车子，稍微犹豫一下就会被别人提前预定。

有的卖家发了卖车讯息后，你去询价好几天也不回，这种不是卖出去了就是不想卖了。还有的回得太热情，我也害怕，觉得车子要是没点问题对方咋这么上心，又是发照片又是发视频的，详细得不得了。

　　我几乎把全网的电动车看遍了，再三权衡下，最终订下了一个跟我聊得还不错的男孩的车。听他说，他之前也跑外卖，是从别人那里买的二手车，到他这里算三手，他就当了一个月的外卖员，只跑了200单，挣了一千来块钱，根本不够吃饭的。我问他，你住哪里？他说在安贞里租了一个铺位，一天60块钱，屋里一共四个人，都没啥正经工作，平时干干零工，等挣够了一个月的房费就休息一段时间，根本不考虑攒钱的事。他说，我从来没想过攒钱，在北京这个地方，你稍微动弹动弹都得花钱，月薪就是8000，到月底了一算还是一分不剩，还不如以前在厂子里面干活儿。接着他又和我说起以前在厂里的事儿，说那个小厂子很偏，都跑到六环外了，出了厂子门得走二三里地才能见着人，那会儿也没个共享单车，想跟外面的人接触全靠步行。厂子的小年轻周末休息时，全都到离厂二三里地的市场去，说是市场，实际上就一条街，走不了几分钟就到头了。

"但我们还是愿意去，不去那里真不知道干啥。"

这些话是他跟我见面后说的，这勾起我在工厂打工的记忆。我也曾在一家印刷厂上班，每天的工作是给一些书、工艺品、纸袋子等刷胶水，天天满手的胶水，用手轻轻一搓就是一团胶疙瘩，那个活儿枯燥且不自由，去上厕所时长也不能超过5分钟。我总是想逃离那里去做点更体面的活儿，或者嫁给一个有钱的人，像我们宿舍一个叫韩雪的女生那样，和主管那种有身份的人谈恋爱。再或者，像那个手被卷进机器的女生那样。她上夜班时，由于太困，伸手去拿东西时，整个手背的皮都被机器扯了下来，丧失了劳动能力，我们厂子为了省钱，将她安排进了行政部做起了文员。当时我想，要是卷进去的是我就好了。

车间持续的强噪声让我的耳朵出了问题，听声音总是重声。我就不想干了，找了两三个月，也没找到正经的工作。我爸知道后到处找人、托关系，把我安排进了医院干外送员，一干就是一年。因为总是上夜班，天天拿屎拿尿也烦了，便跑出去做了两三年的服务员。此后不断换着工作，也待过不同的城市，一直到现在也没稳定的工作。卖我车的小伙子也是这样，他也干过很多不同的工作，这似乎是大多外卖员这种身无长技的人的共同特点。

我问他不跑外卖以后预备干啥，他说准备去试试销售岗，不知道能不能行。他说这话时表情很淡漠平静，像在说别人的事情，好像他过的是别人的人生，对什么都无所谓。

我们闲聊几句后，他带我去看他停在小区外面的车。车子从外观看倒没啥大问题，保险杠看起来有些生锈，这不是大碍，能挂餐袋就行。只可惜它没有像别的外卖车那样加焊挂钩，但车子保险杠两边的凸起处也能挂三五个，要不是冲着这点我也不会买它——很少有骑手把餐品放到餐箱里，来回取餐耽搁时间，而且带汤的餐品也容易倾洒出来，如果挂在车上就会平稳很多。

本来他发布的照片里还有一个餐箱，没见着，他说之前把车子停小区里面，可能被保安偷走了，车子备用钥匙也丢了。不知是不是真的。这让我有点遗憾，他的箱子没有"某团"标志，比较容易进小区。

之前我特意买了一个有"某团"字样的餐箱，好让人家相信我是正规军，后来我才明白，证明自己是个外卖员是很傻的事情，很多小区只要看一眼你餐箱上有这俩字就不让进了。不过我也不是专为买餐箱来的，我主要是相中了他车子的型号，车子很轻，我坐在上头脚丫子很轻松就能够到地，大小也适中，在给车子调头或骑行时会更方便。

我们找了个换电站试车，启动车后，我问，你这个车子咋显示走了快三万公里？他说，仪表盘坏了。我说，大灯有吗？他说，有。接着试了试，又鼓捣半天才弄亮。我心里不踏实了。他原本说的是900块，我说，750卖给我吧。他说，你看着给吧。他又给我介绍如何骑车，还叫我试了一圈。车子嘛，我本身就不懂，就知道速度快就行。尽管很多部件都有问题，我还是选择了视而不见，主要是我太着急买车了，要不也上不了当。车子后来骑了一个月，全部部件换了个遍，我只好安慰自己说，原本900的车子，750买也不亏。

人在吃亏时，想到自己还没吃到更多的时候，心里会平衡很多。

体会人间冷暖

新车骑回家，我才有自己是外卖员的切身感受，觉得两只脚真的踏在了地上，再也不会像刚开始跑单那样，有一搭没一搭却又惶惶不可终日。能正儿八经地干一个自己能干成的活儿，这种踏实感我已经十多年没有过了。

我早上醒得早，有时候还没起床就开始工作，也就是刷单。有天早上，接了一个离我2公里的杭州小笼包的单，接完后，又抢到另外一个往丽春湖别墅区的单。其实原本我以为抢不到手，赶紧爬起来，连穿衣服带过去，花了8分钟，本身近单给的时间就短，到了后发现他们餐还没做好，又等了至少10分钟才轮到我。等我拿了餐，俩单子都只剩下18分钟了。

我想要超时就超时一个得了，于是先送了离我近的那单。等导航到了地方，给顾客打电话，死活找不到她的公寓，我就先点了送达，转而去送丽春湖的订单。本来，我没有这么不守规矩。刚开始跑单我完全是老老实实按照要求送餐，先给顾客打电话，如果打电话不接，上报异常再点送达。如此操作几次后，我发现很耽搁事儿，就没按照流程做，只要顾客没有不良反馈，我就我行我素。

但这次第一个顾客恼火了。她给我打电话，说你怎么没送达就点了送达，我把情况和她说了。她说，你没看我备注吗？要热的，要热的。我做过服务员，知道态度良好能给自己争取机会，就打感情牌说，顶多5分钟我就过来了，凉不了。她说，我不要了，你别送了。

接着我就收到取消订单的提示，那是我头回遇到订单被客人取消，不晓得手上的餐应该怎么处理。一堆男外卖员在边上趴单，我问最边上那个这种情况该怎么办。他说，要是钱不多，就自己加餐吧。

"加餐"是外卖圈黑话，像那种不好送的、顾客说话难听的单子，很多骑手就直接取消订单，把餐拿回去吃了。

我跟他说，10来块钱。他说，那算了，自己吃吧。

我说给你吃吧，就把还热乎乎的餐给了男骑手。他开始不好意思，看我是实心实意，就接了过去，还另外教给我了些跑单小技巧。虽然很多我都知道了，但也高兴。

根据他的指点，只要手上没单了，就要跑到美食城那边蹲单。那个美食城在我住的附近，位置很隐蔽，我像其他外卖员那样蹲在美食城门口，满身满头的灰和土。要搁以前，我是不会这么脏兮兮地出门的，好歹得打扮一下，再不济也得换身干净的衣裳，可跑外卖后我发现很没有必要，那些能凸显气质的衣服，不是看起来碍事，就是不保暖，每次出门我都是什么宽松得劲就穿什么，完全不在意自己的形象。

在人群中，我注意到一个浑身打扮很洋气的男孩，他看起来孤僻、冷漠，不像别的外卖员手上没单了就扎在人堆里，他总是自己待着，头盔也不戴地躺在外卖车上。我问身边同样蹲单，上衣前襟落满了油点子、下身裤子上全是泥的胡子拉碴的大叔，那个人也跑外卖吗？

大叔显然没意料到我会跟他说话，先是一愣，等反应过来后便说，是，他是俺小儿。大叔说的是我们老家那边的话。没想到竟然遇到老乡。我问，你们是山东的吗？听上去像是我们聊城那边的。大叔说，就是。我问大叔，恁儿子看着也不大，怎么出来跑外卖了？大叔看起来很忧愁，叹口气跟我说，孩子想出来打工跟他的爷爷奶奶去世有关，他们是疫情放开前后没的，原先爷爷奶奶还活着时，能有个人跟孩子做个伴，俩老人走了，儿子说啥都不愿意去上学了，非要出去打工。他说，那个病毒真是狠，死了不少人，俺家那边那段时间哀乐都没断过。

坐在大叔身边的大婶插腔说，你摸啥跟人家说啥？似乎大婶不愿意别人知道自己的太多家事。大叔被打断后显得非常不满，转过身子背对着她继续跟我诉说他儿子的种种劣迹，他是实在不放心孩子自个儿瞎闯，才叫孩子跟自己来北京的。说完这话，他突然想起来似的说，俺儿已经订上婚了，等他结婚了，当爹了，心就不野了。对方是跟他们同镇的女孩，就是彩礼要得高。在高彩礼跟前他没有多大意见，说都是随大流。

我询问了他们那边订婚的其他要求，总体上跟我们那儿差不多，订婚是给女方8.8万，结婚给18万，还得有车有房，车不能低于10万，房子最次也得在县城里买，还得要三金或者五金（金耳环、金项链、金戒指、金脚链之类），这些算下来就得两三万，还不算改口费、装枕头里的钱及请婚庆公司和摆酒席的费用。这些费用他一想就发愁，彩礼是年年涨，钱是越来越难挣，他怕到明年攒不够钱，彩礼再涨了。早先大婶一直待在老家，是这两年才来的北京，到这边啥也不会，之前是给人家刷盘子刷碗，后来人家嫌她手脚慢不叫她干了，大叔叫她干保洁她也不愿意去，后来就跟着大叔跑外卖了。像大多数从农村出来的中年妇女一样，她对智能手机很不熟悉，对来往的车辆也害怕，跟着大叔跑了老长时间了，还是不会看导航，老是找不到地方。每次大叔送完自己的单子还得给她送，弄得超时了不少单子。

坐在他旁边的大婶有点不好意思了，耍赖似的说，我要能了还要你干啥。大叔则一脸不屑地说，除了我还有谁要你。他们说这话听起来是相互嫌弃，我却感到言语里透露着爱意和幸福感。

大婶说，等俺儿结婚了，过两年我得看孩子，以后想出来赚钱也难了，为啥说我现在趁着能动抓紧出来赚两毛钱哎，以后也是不想手心朝上跟人家要，要哩钱肯定没自己赚哩花着自在。我跟她提起我娘，说她一辈子没把过钱，都是我爸拿着，结果有回她高血压犯了要去医院，我爸给了 200 块钱叫她去瞧病，我娘直接没要，自己掏的压箱底的钱看的病。聊到这些，大婶也起了说话的兴致。

后来一细聊，我们不仅来自同一个县城，现在住的还是同一个公寓。我说，那怪稀罕哩，咱们住同一个公寓，我都没见过恁俩。大婶说，俺俩四五点钟就出门了，晚上 11 点才回去，你咋可能见过。我想也对，跑外卖前我都是 7 点多才出门，根本不可能跟他们打照面。

他们全程都在说方言，我本来说的是普通话，也不好再端着，改说起方言来。不知道为什么，在城市里讲老家话总觉得别扭。反观大叔夫妻两个，倒是一点不为说方言感到不自在，跟我又聊了很多，还教我高峰期如何跑单。在我们闲聊时，他儿子时不时投来异样的眼神，表情里也透着不屑，可能他在为什么感到蒙羞吧，我跟他这么大时，就很怕干抛头露面的活儿。大婶埋怨大叔不能挣，大叔埋怨大婶没把孩子教好，俩人呛呛起来，我也不好再坐着，就笑笑走了。

走在街上

　　刚开始跑外卖时，我不爱主动找人说话，更不喜欢扎堆和人聊天，每次手上没单子了，就躲在离骑手人群不远的地方待着。可能是想躲开别人看我一个女性送外卖时的好奇眼神吧，也有可能是我自己的心理问题。

　　记得有一次，一个看起来40多岁的中年男人找我说话，他问，一个女的跑外卖累不累? 赚得多不多? 我虽然老老实实地回答了，但心里很不自在，好像自己干了可耻的工作。他还给我列举了一些他认为比较好的工作，比如奶茶店店员、售货员，实在不行还可以去做地铁站的安检员，总之，好像随便拿来一个工作都比送外卖强。

　　那会儿我很忌讳跟别人谈起我的职业，心里甚

　　　　　跑外卖：一个女骑手的世界

至隐隐约约觉得丢人，经他那么一说，我更是惭愧了，假装认同他的话，又假装自己很忙，匆匆逃走。

进到电梯这种狭小空间时，我会选择站在角落里，假装看着某个地方或是手机，避免跟别人视线交流。可即使这样，还是会有过于热心的人找我说话，说这个活儿太辛苦。我很有耐心地说，跑外卖赚钱，他们也认可，不过，最后还是劝我说，还是干点别的好，似乎在劝我从良。他们也许是出于关心，但对我来说只不过是高高在上的语言施舍。我很想说一句，送外卖怎么了，又不偷又不抢，最终没说出口，只是用听起来很平静的口气附和他们。

当我取到那种分量大、很不好送的餐时，有些男骑手打我身边经过，会跟我说，你一个女的为啥送那么多？我不知道这话里是羡慕还是震惊，感觉两者都有，有的人甚至会走到我跟前阴阳怪气地说，拿那么多，你跑得动吗？

到后来我索性把头发挽起来，头盔一戴，再戴上个口罩，别人就分不清楚我是男是女。在餐品未送达前，我通常也不主动发声。遇到什么问题，我有时会专门挑女骑手咨询，但我发现，大部分女骑手在面对陌生人时，会保持警惕，尤其是那些看起来年龄小的女孩，总是冷若冰霜，大概也是想以此自我保护吧。偶尔也有一些女骑手会跑我跟前问我是怎么跑单的。一般这种主动问我的，我会把自己懂的都讲给她们听。

不过也有例外。在跑单的第五天，我穿着外卖服去手机店里，有个女的也进来，看起来50多岁，来办流量卡的，她看我穿的是外卖服就问我，跑外卖用的流量多吗？我儿子刚给我下的软件，我还不敢接呢。我说，用不了多少流量。又问她，你为啥跑外卖？

大姐说，在家闲着没事，赚点零花钱。

听她这样说我就有点生气，她本来不缺钱却要跟我们抢活路，所以后面她接着问我怎么跑单时，我说，我刚开始跑，也不懂。

我和陌生人交流的能力是被逼出来的。取最初几单餐时，我宁可自己硬找也不向别人打听。有天我抢了一个奶茶的单子，商家定位很不准，我围着他们定位的地方转了好几圈，还是没找到地方，这让我很恼火，干脆一不做二不休，问能碰见的任何人。商家的定位是在一条河边，人家都不晓得怎么去到那里，也不晓得那是什么地方，于是我拨通了商家的电话。

那是我头一回给商家打电话，心里有点忐忑，不过也管不了那么多了。接电话的是个女的，说话和和气气。她说，实在不好意思啊，我们的定位不太准，你如果在河边的话，就沿着河边往前走，走到红绿灯，知道吗？再拐过来，在拉面馆里面。

我按照她说的路线很容易就找到了。如今回想，真要感谢她那么有耐心，也许就是从那时候起，我才有信心应对各种沟通。我认识的一些女骑手因为克服不了内心的羞涩感，送着送着人就跑了。我刚好相反，外部压力越大反而越勇猛，大有与之"刚"到底的决心。

作为骑手，如果太关照自己的自尊心，那将会有直接的、肉眼可见的经济损失。最初我就常常不好意思开口向别人求助而导致超时或被投诉，头三天，我每天总共就挣 80 多块钱，光扣款就占了快一半了。后来我同时拿 10 个单子时，就完全顾不上羞涩了。在跟别的骑手一起等电梯时，我会问一下对方是几楼，如果顺道的话，就相互带一下单子，好节省时间。有时我去换电，面对最顶层的换电格口，我无法靠自己举过头顶时，会等待男骑手过来换电，跟他们说，大哥，能不能帮我换个电。跑外卖的一年里，没有一个骑手拒绝我的，都会很和气很热情地帮我，哪怕自己很忙，也会帮我把电瓶塞进去或取出来。餐品拿不动的情况下，我也会寻求男性帮助，主动告诉他们我提不动，拿不了了。

我想对于外卖员来说，重要的是接纳，而非对抗。这个说的是自己跟自己的对抗，也是自己跟社会的。如今我站在街头，不会再像小媳妇见公婆那样扭扭捏捏，不会再抵触和刻意隐藏自己的身份、性别和形象，而是大大方方把自己铺展开，用坦然的姿态告诉大家，女外卖员就是这样。

后来再遇到别人问我为什么送外卖，我会告诉他们，我觉得这个活儿挺好的。

如果他们说，女孩子干这个活儿太辛苦，我会反问，你觉得啥活儿容易？

他们通常沉默一下，然后好奇我的收入，我会故意把钱说得多一些，他们就不说什么了。

说到这里我想到一个细节，当有人问我一天赚多少时，我会根据我的时薪告诉他们。比如尽管我那天就赚了100多块钱（跑了4小时），但是我会告诉他们我一天能赚200多（时薪25元，按照8小时工作制计算），算时薪，我赢了，这也算是我的一种精神胜利法吧。

当我说100多块钱的时候，他们会劝我改行，如果我把收入说到200多块钱，他们又会从最初的同情转为羡慕。在沙河这个地方，有个月入6000多，而且不用每天花两三个小时通勤的工作，已经算是不错了。此外，跑外卖好歹时间是自由安排，想多赚就多跑，不想干就歇着，卷自己不卷别人。我想，这也是大家找不到工作后，首选跑外卖的一个原因。

跑外卖，就像是落在了弹簧床上，看似跌入了体力劳动的底层，但它又会弹回来一些，让我的心里有个缓冲地带。

跑高峰

想要跑外卖赚到钱，唯一的途径是不断接单，不违规，这样分数涨得快，分数高了自然等级就上去了，等级高的骑手同时配送的订单多，也能优先看单。每一级待遇各有不同，等升到最强英雄级别以上时，给的单子好不说，还有个单单奖。单单奖是平台推出的一种提升骑手接单积极性的政策，即在每单的配送费基础上再给予额外奖励。不过这个奖励现在降低了不少，原先最强英雄一级每单奖3毛，到8月份左右，每单只奖1毛。最强英雄奖励的降幅还不算明显，最明显的是无上战神级别，原先是1.5元，后来降低到9毛。

某团骑手等级制度的设置，跟游戏打怪升级机制差不多，分数越高等级越高，等级越高权限越大，很多骑手为了不掉级，就全年无休地干。

我刚跑单那会儿是个小喽啰，等级显示是"新手骑士"，这个等级拿不到太多单，得再涨点分才能同时配送好几个订单。本来系统对新人有照顾，由于注册后我的犹豫不决加上装备不足，几乎没有吃上系统的红利，等一个月红利期过后，系统就没怎么照顾我，经常坐半天也给不了一个单子。

冷板凳坐了半个多月后，我才明白，无论一天中的哪个高峰期，都得在商家门口坐着，或者直接去他们店里，因为某团的派单是依据就近原则，谁离店家最近就给谁。还有就是手上得有单子，无论好单孬单都要接，只要你接一个，系统就会不断派单。明白这个道理后，我就在于辛庄村口的高科摩擦旁边等着，还真给我等到了好几单。在于辛庄取餐有个好处，不用走太多路，村里商户密集，走上一圈，手上的单子取得就差不多了，不像在大商场里取餐，来来回回绕，特别耽误时间。

一天里头我最喜欢跑早高峰。早高峰清晨5点起来就有单子，能一直接到7点。从2024年开始，我就习惯早晨5点起来打坐、读经或是冥想，起早对我并不很难。晚高峰是 10 点以后才开始算，到那个点儿我又累又困根本不想动。

　　能早起的骑手大概不多，所以早晨跑单的外卖员少，容易接到派单，且单价相对较高，即使几百米的近单也能给到 7 块钱。再说，早晨路上人少，好骑车子，送餐不堵车。一到中午，角角落落走的净是车净是人，跑不开，尤其是在我可以同时接 5 单后，看到路上的人和车心里就发慌，老忍不住想发火。跑外卖的没几个能耐住性子的，都脾气急躁，稍有点不顺心就会破口大骂。之前跟我聊天的同公寓的大叔性格就急，开车急，说话也急，得罪过不少顾客，有的人还给了他差评，大叔生气但从未想过报复别人。我刚跑单时不敢发脾气，更不舍得发脾气，毕竟这都是用钱买出来的感觉，态度稍微不好一点，人家就有可能投诉。我有情绪时，一般是自己在楼下炸完再上去送餐。哪怕有的单子实在不想送了，还是硬着头皮坚持下去，不坚持不行，我怕我的退缩成为一种习惯，无论如何都得冲下去。

　　跑头一个午高峰时，我就遇到了困难，光在找商家上就耽搁了大半时间。导航明明给引到了共享厨房跟前，可就是找不到店，因为有的商家甚至连招牌都懒得投钱去挂一下，往往是用马克笔或是碳素笔手写的，再懒一点的干脆就不挂招牌，还有的商家会同时开两三个店，却只挂一个招牌，想要找到准确的商家，就得跟别人打听。中午大家都忙忙碌碌，根本顾不上领着我去到商家跟前，只能说个大概方位。等好容易找到地方了，他们出餐还慢，仅在烧烤店一家我就等了快十分钟。有个同样跟我等餐的大姐，手上的单子本来就快超时了，她带的孩子还找不到了，转着圈子喊了好几遍她儿子的名字，小孩才从一个小超市里出来。她看到儿子后歇斯底里地喊，你能不能不要瞎跑！你知不知道我手上好几个单子！为了找你我都超时了！小孩显然被他妈的阵仗吓着了，呆愣愣地杵在那里一动不敢动。他妈也顾不上这些，扯起小孩胳膊就跑，一边跑一边跟着小男孩一起大哭。

诸如此类的情形，我后来经常碰到。我那天取的四个餐出餐都很慢，在等最后一单时，我急了，在店里大声嚷嚷，你们都干什么呢？为啥不给我出餐，整得我都超时了！店里的人对此一副习以为常的态度，让人看着就烦。我反复问，还要多久？还要多久？他们死活不理我，活生生叫我等了好几分钟，才懒洋洋地把餐包起来。我匆匆赶往青年大厦送餐，正好赶上下班点，很多人坐电梯下去吃饭，眼瞅着剩下的单子都超了时。

把单子都送完后，我才有精力复盘，后悔没有提前报备出餐慢。按照平台规定，如果到店超过5分钟且超过商家应出餐时间，就能选择"商家出餐慢"选项，上报异常，如果第二次取餐仍未出餐的，可发起第二次异常申诉，上报成功的不会产生餐损＋违规取消订单的费用，反之则要被扣钱；另外，申请出餐慢，在上报成功后会根据距离延长15分钟左右的时间。但也有比较差劲的商家，明明餐还需要10多分钟才能做出来，却在接单的那一瞬间点了出餐，让骑手转单出去也不是，取消也不是，只能在取到餐品后狂奔。那会儿我送餐很笨，反应也慢，很多经验完全是靠不断吃亏积攒起来的。

高峰期配送的难点，除了商家出餐特别慢，还有就是联系不上顾客或者顾客写的位置不准确。关于送餐，跑了一段时间后，我也逐渐掌握了一些规律：凡是叫"某某家园""某某园""某某区""某某一里""某某二里"的，多是城中村或是需要爬楼梯的公寓；像"某某府""某某城""某某一期""某某二期""某某郡"之类的，多是有电梯但是不让骑车进出的新小区；像叫"某某墅""某某湖""某某院子"的就是别墅区或是高档小区。

送单至今，我最恼的就是别墅区。绿植的占地面积比别墅还大，在里头走让人很没有耐心，那些设计得弯弯曲曲的道路，可能是为了给业主一种柳暗花明又一村的感觉，但对我来说毫无必要，甚至浪费土地，更浪费我的时间，它会将我的送单时间延长至少两倍，相当于一个单子出了两三倍的力气。每次在这种别墅区里走，我都想，为什么他们不把道路设计得横平竖直一些？为什么他们不把门弄得更多些？有的小区不知道是不是有风水上的讲究，设计了门，却不让进。我在导航时，为了避免进去后绕路，会围着小区转一圈，找离我送单地最近的门，结果好几次门不是锁着就是不让进，还得让我来回走上接近两公里，才能完成配送，结果自然是超时。

送外卖的没有一个不烦超时的，超时5分钟内扣该单配送费的 30%，超过 10 分钟是 50%。以前，我从来没有把时间这样具体地跟金钱挂钩过，等跑外卖后，才切实体会到时间就是金钱。这导致我跑高峰时心里老是很慌，担心顾客没按时收到餐品跟我大发雷霆，担心着急送餐时餐品被人偷走，担心送错了地方——实际上这种事很少发生，如果按照概率统计的话，100 单里顶多四五单会出错，但我还是无法控制地紧张。

撑过淡季

　　自从新车子买回来后，我就想着把买车的钱赚回来，就像赌徒总想捞回本来。当时我还是很有信心的，觉得一天只要跑 200 块钱，4 天就能跑到 800，可等真正跑起来了，我才发觉我的想法很天真。每天吃饭得花钱，租房，租电瓶，甚至把餐品存到外卖柜都要花钱，这也就算了，新买的车又属于驴粪蛋子表面光，还得修车，又是一笔不小的开销。最大的问题是，我入行的时候正是淡季，单子少，我铆足了劲，一天也就能跑一百来块钱。

　　在 4 月单子正少的淡季，只要看到路上和我一样穿着新外卖服的骑手我就莫名焦虑，会在潜意识中把对方当成竞争对手。淡季会从 3 月持续到 6 月，这几个月北京气温宜人，不热也不冷，大家更愿意出去吃饭，点外卖的人很少。沙河这一片，到了下午基本上就没什么单子，偶尔蹦出来几个，不是难抢就是难送，再不就是价钱低得离谱。为了撑过淡季，很多外卖员要么多注册几个账号，同时跑多个平台的单子，就像跳蚤一样在不同的软件上蹦跶，要么流动到其他行业里，等旺季时再回来。我大哥还说，不行就捡破烂去。

在淡季，不光某团没单子，其他配送平台的单子也不多。有个看起来比我大三两岁的大哥说，他好几个软件都试过了，都不行。他还给我看他小鸟（一个跑单平台）的订单，7公里的单子才给8块钱配送费，他说，一上午这个系统里就一个单子，待那里好半天了，我就是闲着也不送它，不值当的。

我说，你要不干点别的活儿也行。

他说，像我这个年龄干别的也不行，不知道干啥，咱没学历，没文化，干啥都不行。他之前给工地上安电，一个月能赚1万多，现在很多工地都没开工，就是开工的也发不下来工资，他去年在工地干的活儿到现在都没给结工钱。

我说，可以跑顺丰同城看看，之前我碰见一个跑同城的女孩，说她一上午就赚了 200 块钱。他听了有点不信，说她吹牛，跑同城一天顶多 300 来块钱，比跑某团强点而已。在我们旁边懒洋洋躺着玩手机的另外一个大哥说，这几个平台都差不离，还不如老老实实等到 6 月呢，到时候每人每月都能跑 1200单，不是我吹，你要是跑去其他平台，买一堆装备，早晚得亏。他这话在理，这也正是我犹豫着没有去跑其他平台的原因。他还给我们支招，要是实在愿意跑单，上珠江摩尔那边去，那边单子多。

这点我也不是没想过，但我有我的顾虑。以前我在那边上过班，怕当时的同事还在，万一看见我跑外卖笑话我。而且这一个多月，我已经把沙河这块跑熟了，渐渐有一种如鱼得水的感觉，不舍得往外走。但是现在我几乎每个午高峰就赚 70 多块钱，连日常开销都不够，还是得咬着牙往外冲。

从沙河往外跑，我心里有种恐惧感，感觉哪里都陌生。这跟跑熟以后的状态完全不同。原先我以为离合生汇很远的地方，实际没几公里，我以为在 G6京藏高速右边的，实际在左边，我以为很高的地方，实际并不高。这有点像我 19 岁离家一年返乡后，发现原先很高的二层小洋楼那么矮，原先以为特别宽的马路，跟城市的比，只不过是条单车道而已，就连我平时经常遛逛的土城墙，也不是那么好看了。在潜意识中，我已经被改变了，这是没有办法的事情，人活在世界上总是会被一些东西改变。

我已经过了想改变什么的年龄，对我来说最实在的事情就是改变自己，让自己多跑点地方，多赚点钱，而多赚钱就得克服内心的恐惧，往更远的地方去。

骑车在 G6 高速辅路上，人总是灰头土脸的。路上时不时开过拉渣土的卡车、搅拌车。大车卷起路两旁拆除平房堆积的尘土，让人好半天都无法呼吸到新鲜空气。要是赶上一阵风过来，满天满地都是黄土，眼睛即使眯成缝也会刮进灰尘和细碎的沙砾。这类东西往往是忽然进到眼里的，像是骑着骑着车被谁忽然扇了个嘴巴。

在 G6 高速边上很难看到好看的风景，唯一一段有河渠可观看的，还被铁皮围了起来，只能勉强看个远处的山尖，好看的山和云彩也只能看一小点，更多的部分被鳞次栉比的高楼、信号塔、电线杆、密集的树林及其他东西遮挡住。部分的 G6 辅路，像是部分的中国，建筑风格和气势从穷僻的乡村，到县城，到城市，再从城市到县城，到乡镇，然后再到完全的城市。

车子过了沙河大桥，开不了多远，就全都是大楼。那些高楼使我恐慌，它们总是会给我一种压迫感。在珠江摩尔边上还有成片的工地以及大片等着开发的空地，地铁站边上的高架桥也正在修建，这座桥从我 2022 年在珠江摩尔附近上班时就在建，到现在还没建完。拐到合生汇方向的人行道，改了又改。周五晚上时，堆放在路边的共享单车密密麻麻的，连成了片，让本就狭窄的路更是雪上加霜，连电动车过去都费劲。遇到脾气火爆的，会将碍事的车子直接踹翻。我单子赶得过来时，会将车子往里搬搬，要是单子太赶，也是一脚踹翻。不踹也不行，有的人明明看到已经没有车和人行走的空间了，还是会将车子往路上放。

在那里取餐也麻烦。繁华地段的很多取餐点，其实不像我想象中那样高大上，相反，和我在沙河取餐的店铺一样，都挤在狭小的共享厨房里，不同菜系的商家汇集在一起，像是浓缩的中国。烩面的汤气、湘菜的辛辣、粤菜的甜腻，还有麻辣烫锅底的味道，与蛋糕和比萨的气味混杂在一起，让你仅凭味道很难找到要取餐的商家。在蜘蛛网般的狭窄过道里走，整个人都晕头转向的，不知道怎么进来又如何出去。我感觉自己像是进入防空洞的蚂蚁，有些商家的招牌上的字，就大大地写在那里，我抬头时还是看不见，情绪的过度紧张，让我没办法把那些太大的字给联系成一个整体。

不过这种共享厨房并非一无是处，至少我很少在出来时找不到停车子的门，如果是大商场就不好说了。像珠江摩尔边上的超级合生汇，就是个很绕的地方，我在那里耽误过好几回。超级合生汇总建筑面积有15万平方米，很是气派，据说有亚洲最大的穹顶，入驻了400多个商家，很适合我这种年轻人待着。作为消费者，我可能会很喜欢那里，但是作为骑手我对它只有厌恶。那个巨大的圆形穹顶尤其让我讨厌，穹顶之下有内外两圈店铺，想要取餐就得沿着底下的路一圈圈跑，高峰时候，餐又多又沉，那种感觉大概就像拎着哑铃跑操，或是负重越野，这么说毫不夸张，有时提的东西会超过 40 斤。在里头取餐不易，给里面的商家送餐更是困难，在里头绕来绕去像是走迷宫，即使跑得很熟了，还有很多服装店、玩具店没听说过，不查商场地图上商家的编号根本找不到地方。很多送餐的骑手都会说，它为什么不倒闭？我知道那是气话，我也这么说过，并不是出自真心，如果这里倒闭的话，我就没有根据地了。尽管超级合生汇难取餐，可我之后还是非常依赖它的。

整个淡季，我都以合生汇为轴心拼命跑，无论走到哪里，最终都会回到这里继续跑单。那会儿我还给自己设置了时间限制，计划一天工作的时长和坐班差不多，跑 10 个小时。但这很难实现，我跑得越来越远，从沙河到合生汇，再冲出昌平到海淀，甚至从昌平一口气开到了卢沟桥，经常晚上 10 点多才回来。我的野心却越来越小，刚入行时我想着只要努力就能赚 1 万多，慢慢地我的标准降低了，只要收支持平，或者今天比昨天赚得多，就觉得不错了。

我一天天地跑单，就像是远离尘嚣的和尚，很多事情都无暇顾及。有次回来晚，我在公寓楼下遇见了大婶，却没见着大叔，才知道他出车祸了。大婶跟我讲，是跟一辆汽车撞了，上半身没啥大碍，主要是下半身，俩腿骨折了，大婶叫他上医院去，他怕花钱，不愿意去，后来叫大婶好说歹说才上了医院。去了医院也不听大夫的话，跟大夫说能不能只看一条腿，另外一条回去养养就行。大夫一听就火了，骂他光图省钱命都不要了，大叔实在没法才打了钢板。大婶边抹眼泪边说，那天我要是不让他帮我送个餐就没这事了，都怨我，他手上本来就有七八个单子，还得送我的，一着急就出这事了。

我问她没送出去的几个单子给免责没有，她说，都给免责了，也算是万幸，要不又得赔好几百块钱。我也跟着叹口气，不知道怎么安慰她比较好。我说，开车还是得小心点，我不断见着出车祸的外卖员，有时候看一眼手机都不行。

大婶没有继续聊这个话题，而是讲了别的事情。她说，如今他俩也没法回去，在北京凑好还能赚点，比待老家强，在他们老家超市里上班一个月才1300，一天得干12个钟头，要是跟人家干零工也赚不多，像装棒子、卸棒子，一个钟头才给8块钱，还累，都没跑外卖赚哩多。另外，儿子在这边单干他们也不放心，怕他戳个窟窿出来。

　　她哭着说了很多，我也不知道怎么劝她，只是说了句，你以后忙不过来了可以叫恁儿帮你啊。她长长地叹口气没说啥。我又说，那以后我帮你，如果我手上没单子的话。她没拒绝也没接受，只是说，在外面都得相互帮忙。

愤怒

在路上行驶时，经常会遭逢各种恶意。像有的不看红绿灯的人，在我从他们身边经过时，会用很脏、很恶毒的话攻击我。有时候，我正常骑行时，在我侧后方行驶的汽车会忽然按个喇叭，把我吓得一动不敢动。更多的是那些转弯的汽车，他们在拐弯处经常不减速，不打转向灯，因为这，我看见好多骑手翻车、撞车。还有的司机明明知道你没有违规，却故意往边上靠，把你别住，像公交车就是。我每天早上往超级合生汇去的路上，就会碰到很多公交车，哪怕是我在前头，有的公交车也故意从我后头超过，别在我前面，有好几回我都差点翻车。还有一回，直接给我别到了马路牙子上，我看刹车来不及，马上要追尾了，索性往路边撞去，车子沿着马路牙子滑行了十几米才停下来，还好撞击的力度不是很大，腿和膝盖都是轻微擦伤，没有伤及关节。我抬头瞪着那个开车的司机，他只是冷冷看了看我，便扬长而去。

像这种憋闷气我受了很多，最过分的一次是，一辆面包车从我身边开过去时，坐在副驾上的一个男的朝我身上吐了一口痰。我先是感受到大大小小的飞沫溅到我身上，接着就是一口浓痰落在我的左袖上，很恶心。我追过去要跟他理论，可我的车速那么慢怎么可能追上，只能是干受气，买了一包湿纸巾将身上的痰拭去。起初，我想着自己是学佛的人，不该说脏话，就用正常能表达情绪的词发泄。久而久之，我发现那些词语并不能表达我的愤怒，就逐渐骂起脏话来，这让我感觉自己堕落了。骂的次数多了，我甚至不好意思回去烧香，祈求佛祖原谅。

每回被骂后，我都给我娘打电话，描述我的遭遇，说的时候难免带些脏话，我娘就训我，人家说脏话行，你不能说，说脏话不好，以后注意着点。我嘴上答应，可根本就控制不住，只能做到在她跟前不带脏字。在经过几次骂和被骂后，我变成了厚脸皮的人。

有一回，给一个地铁站公共宿舍送餐，走到楼下我给顾客打电话，问他在什么楼，也确定了位置。送完过了几分钟，顾客打电话过来歇斯底里地吼道，我的餐呢？你给我送哪里去了？我心里其实挺害怕也挺生气的，就说，您的餐我已经给您送楼上了啊。他不为所动依旧吼道，我都没收到，你点个屁的送达。

我问他，不是左边的那个楼吗？

他说，右边！右边！你都不看吗？抓紧给我把餐拿过来！

可他之前明明说的是左边，还怨我。我只得折回去从左边的楼拿到右边。此时，那个顾客已经在楼梯口等着了，他看起来怒气冲冲，还没等我给他道歉，就一把把餐从我手中夺了过去，转身就走了。

我下了楼后，骂道，真是个屄毛玩意！

骂完以后我就后悔了。这后悔持续了五分钟，等五分钟他给我差评后，我就不再内疚了，很想去他住的地方找他理论，或者再抢一次他的单子，故意给他送得很晚，再让他暴跳如雷一次。但这些我都没有做，不断抢到手的单子，让我没时间思考如何去报复一个人，有那个时间，我还不如去多抢几个单。

很多新手，最初都是我这种心态，遇到不公平的事情只能选择暗自神伤，告诉自己不要往心里去。渐渐地我越来越有弹性，会尽量将自己的注意力转移到别的事情上，或者是找别的地方发泄。这就不难理解大婶儿子为什么老跟人闹别扭。

我听说，他看见谁就怼谁，大有天不怕地不怕的架势，遇见商家骂商家，遇见不能顺当送的单子骂顾客，可能遇见路上一条狗都能给他骂得夹着尾巴跑了，为此他吃了不少投诉，也罚了不少钱。大婶告诉我，他儿子跟站长吵了好几次，快干不下去了。对于她儿子的未来，大婶也挺迷茫的。她儿子想上厂子里上班，嫌干外卖赚得少也丢人，一点技术含量也没有，不想干了，她跟大叔都不同意。大叔腿弄成那个样子，大婶也伺候不过来他，有孩子待身边心里也轻巧，即便他帮不上忙，也觉得有个依靠，就想着让他在附近找个活儿干。大婶怒斥那些恶意投诉的人，她说，有哩人咋这么孬哎，明明是他哩错，还投诉俺，叫俺一回回哩扣钱，真是愁人。

她发愁的可能是一次次的违规，听起来她儿子有时一天会吃两三次罚单，罚单吃得多了系统就不给派单了，他吃罚单理由多是"态度不好"，这可能和他没有服务意识有关，更可能的是，他在用这样的方式表达他对跑外卖的不满，对现状的不满。他好像被困在他的愤怒里，就像陷入沼泽地一样，越是用力挣扎，下陷得就越快。

作为外卖员，我们最好是把自己打磨得像鹅卵石一样没有棱角，做一个老实的好人，努力让自己不被内心的愤怒所淹没吧。

平衡

有一天，我取了个商超订单。取件时，只看到是个长长的盒子，从外观看不出来里头装的什么，我以为是个木板之类的东西，就没当回事儿。骑行到拐弯的地方时，我忘了它的存在，结果盒子撞到了马路牙子上，硌坏了右上角的纸壳子。我扶起来看了看，以为没伤到里面，便继续配送。

到了顾客所在的楼下，我给顾客打电话问他放哪儿，顾客说，放门口就行。我放下订单就往回赶。

骑了一会儿后，顾客给我打电话说我把里面的镜子弄坏了，这给我吓了一跳，因为我看小票的价格，上面标明物品价值 200 多块钱。我下意识地说，是吗？可能他们装箱子的时候没看。

他问我，那咋办？

我说，你问商家吧。

过了几分钟，他给我打电话说，跟商家说好了，叫我把破的镜子给他们送回去，再拿个新的过来就行。

我不愿意送，就说我已经走远了没法回去取，叫他跟商家说叫个跑腿。按我当时的想法，如果商家叫了跑腿，就无法证明是我弄坏的还是跑腿弄坏的。事后回想，这样做不仅亏心，也很可笑，这事儿退一万步讲也绝不可能赖到跑腿头上，只不过我那时心里害怕，一心想把责任推卸给别人。

我的提议被商家果断拒绝了，顾客要求我送回去，我只得答应。骑回去后，我看到镜子确实裂了很长的一道。为了假装是顾客弄坏的，我故意将包装拆开，才给商家送过去。

线上商超基本上都是年轻小伙子开的，他也没太仔细看，或者说本来就没忍心让我被罚，只是淡淡地问了我一句，咋坏了？

我含含糊糊地说，谁知道，估计是拆包装的时候掉地上了吧。

另外一个小伙子将新的镜子递给我，并嘱咐道，这次小心点。

在重新送货的路上，我心里既为逃过一劫而感到轻松，又为自己下意识的撒谎而惭愧自责。

就像是因果报应，前脚刚坑了别人，第二天我就因送错位置遭到投诉而被扣了钱，我权当老天爷在无形中把钱补偿给了那个小伙子。之后我凡是被扣钱，甚至连车胎坏了，不小心摔了，被人骂了，我也会算到这件事的头上，内心就会平衡很多。

跑单时我常常告诫自己不管遇到什么状况都要冷静，态度要好，愤怒解决不了问题，最主要是我很怕被扣分。某团的等级分积累起来不容易，只有在10点到13点30分的午高峰接一单给2分，晚高峰的17点到20点一单给1.5分，还有夜宵的21点到24点一单给1.5分，其余的时间接了单也不给分数，可超时、差评等则是一次扣2分，这就好像自己不小心做错的题。所以，我总是把分看得很重要，就像上学时看待自己的成绩。但是单子接得越多，越容易出错，越容易脾气急。从主观上讲我并不喜欢发脾气，但是那种理性平和的处理方式，要调动自己的理智和经验，在如此高强度快节奏的情况下，我很难做到。好在大多数顾客还是比较理解我们，即便我嗓门大，态度也谈不上好，他们也不投诉我，这会让我收敛很多，至少在送接下来的订单时，会让我的情绪逐渐平息下来。

其实体谅是相互的，骑手和顾客、商家之间彼此故意为难的事情极少发生。只是有时在事情发生的那一刹那，脆弱的人性往往经不起考验。有时候顾客会为了吃个免费霸王餐而投诉说我将餐品撒漏之类；我也会为了规避投诉及餐损等带来的麻烦而去撒谎。很多顾客其实也知道我没说实话，只不过不会戳穿我的小把戏。比如有的单子我怕超时会先点送达，先去送其他同样即将超时的订单，顾客问我到哪里了，我经常会谎称自己到电梯间里了，马上就到，而实际上却还在骑行中，他们只是象征性催我快点，很少有投诉我、给我甩脸子的。有的顾客着急吃饭时，我也会把别的单子抛开先送对方的单。像这种要求还算是比较基础的，还有顾客会提出一些送餐外的需求，比方说买酒、买烟、顺带丢垃圾之类的，很多叫我捎带买烟的不是卡车司机，就是工地里干活的人或者腿脚不便的人，我不忍心叫人家给我钱，有的顾客看我不收，会直接打赏到我的跑单账号上。

在送单的一年中，我收到了十多次打赏。第一次收到打赏是一个午高峰。那天我接到一个人的外卖单，是送到回龙观村中区的，这个小区是全封闭管理，外人不得入内，只需要将餐放到柜子里就行了，我看这种单子不费事就接了。等到地方才看到备注说要给他送进单元楼里去，当时我心里挺不乐意。等到了他的楼层，只见他的门开着，我喊了一声，您好，您的外卖到了。他说他的腿摔断了，叫我给他送进去。我怕里头有诈，不想进去，就说，就两步路，您能走出来吗？他说，我腿伤得挺严重的，动不了。我犹豫再三还是进去了。进屋我看见他的腿伤得很严重，打着石膏，我问他咋搞的，他告诉我是骑车摔伤的。我说，下次您小心点。下楼时，我看他门口有一包垃圾，也没多想就给他顺便带了下去，没想到收到了他的打赏，还特别备注了谢谢。

别人打赏给我的钱，我会将它当成对违规扣款的补偿，就像我认为我行的善会遮挡住我做的亏心事。

解不了的手

跑外卖这个工作，说是自由，但隐形的限制还是很多的，在上厕所这件事上就很明显。我在于辛庄附近跑单时，跑完单子就能回家去上厕所，但是跑出于辛庄就麻烦很多，经常找不到厕所。

为了少上厕所，我一开始的策略是少喝水，如此坚持一两天还好，时间长了就麻烦，老不喝水，嘴里、鼻子里都是火，动不动就出血，还会便秘。五环外，公厕很少，我不知道别人咋解决的，可能那些男外卖员随便找个地方就解决了，有时换电站、角落里都是浓浓的尿骚味，有的男的甚至是在马路边随意找个有绿化带的地方撒尿。但是女性就不能如此了，要是赶上肚子不舒服了，都是忍住疼劲儿，等空了再找厕所解决。

　　　　　　　　跑外卖：一个女骑手的世界

我一般会找三种厕所。一种是树林子，这是我尿急时的首选。在跑外卖遇到尿急时，我就瞅准哪里有小树林，或者能够遮挡住屁股的地方，趁四下无人赶紧尿完。要是刚好手上很多单子就麻烦了，只好憋到高峰期过了，再找地方撒尿。有回我实在憋不住了，问一个保安大叔哪里有厕所，他也给我出主意，说我可以找个树林子，上那里撒尿，他还说，按理说这话不该他说。我自己倒不觉得这有什么，反正我也经常这么干。

　　城里的树林子不多，即使有也搞得板板正正、横平竖直的，且树林里小路纵横，经常有人来回走动，不像我住的这种郊区，林木多草丰茂，人蹲在里面很隐蔽。当我想在市里的树林撒尿时，一般前后左右都要看一遍，打眼一望路上没有一个人才去解手，但凡有一个人，哪怕还离得比较远，我都宁肯憋着，虽然那人并不能真的看见什么，但被人猜出来在撒尿也怪不好意思的。于是有时候大半天都顾不上尿尿，等真正有场所、有时间了，发现尿液并没有自己想象的那么多，尿尿的速度也慢很多，就像要停水的水龙头里渗出来的水，缓缓流出，好像是被别的器官吸收了。有段时间我怀疑我的泌尿系统是不是出了问题。

还有一种是市政公厕。这种厕所比较明显，都是在路边上，容易找，但不多，我跑外卖一年多，就上过三四次公厕。另外一种是商场里的，这种麻烦很多，有些商场厕所位置比较偏，不好找，我往往懒得专门跑过去，都是憋到取餐时再顺便去上厕所。大部分商场的厕所本身坑位就不多，通常需要排队，遇到这种情况，我没那么多时间等，就会再憋会儿，要是赶上闹肚子，那只能抓紧跑到别的地方借厕所。

问人借厕所用，是一件害羞的事情，刚开始我也不好意思去饭店里找人家借，主要怕人家拒绝，再说了，好多小饭馆都没有厕所。后来发现，除了快餐店，装修豪迈的店里都会有卫生间，而且人家也不会因为我不消费而不让我借用，有些还挺热情。

白天尿尿不方便，晚上跑外卖就好多了，随便找个黑地儿就能撒尿。有天夜里，我就在一个别墅区的树林子的角落里尿了一泡。当时我瞅准了没人，迅速钻到一个角落，速战速决，中间用了半分钟都不到，就这还是被保安发现了。他以为我在偷东西，走过来问我，你鬼鬼祟祟蹲在那里干啥？我一看见保安过来就哆嗦了，瞎编说，我的钥匙丢了。保安的表情将信将疑，他上下打量我一番后说，瞎说，你钥匙还能丢墙根底下啊。我赔笑说，我刚才甩打着钥匙玩，一甩甩飞了。保安还是不信，非说我在偷东西，要搜我身。我用尽量卑微柔和的声调跟他解释，希望他能生出同情心，放我一马，但我面前这个四五十岁的保安似乎并没有放过我的意思，继续审问我说，你把兜翻出来，我看看你偷我们小区东西没。

我说，你没权力叫我翻包。说着我就要走，保安拉住我不放。拉扯中，门口站着的另外一个保安闻讯过来，拉着那个保安说，她一个女的跑外卖怪不容易的，算啦，算啦。他给我递眼神示意我抓紧走。我赶紧跑了。

自那次后，我再也不敢在小区里撒尿了。

跟保安斗法

送外卖每天打交道最多的，除了商家、顾客，便是保安。有的保安看见你会跟你和和气气说几句话，有的保安看我是女外卖员，还会睁一只眼闭一只眼让我骑车进去，而更多时候，外卖员和保安是井水不犯河水，再不就相互看不顺眼。有时候，你跟他很和气地说，师傅，麻烦给开个门；他冷眼瞧一下你，按下遥控让你进去后，便头也不抬地看视频了，或是干干地坐在保安室发呆。还有些保安横得很，看不起外卖员，或是嫉妒外卖员赚得比他们多，说话也拿腔带调的，让人很不爽。但不管碰到哪种保安，我都得做出一副巴结的模样，生怕他们为难我。有的保安看你态度好，也就软和下来，有的保安看你像个软蛋更喜欢捏咕你，这种事我碰到不是一次两次了。遇到这类保安，惹不起躲得起，不送他们小区的外卖就是。

总之，跑外卖到现在，我愣是没交到一个保安朋友。我们都是在外漂泊的人，今天在这块干明天就不定是在哪里了，今天在城市待着，明天可能就回乡下了。与那些大富大贵的人相比，我的人生没那么跌宕，但每一次漂泊也可以称为一个涨落吧。我已经忘了自己待过几个城市了，从北京到济南，再到西安、南京、成都，没有一处能让我留下来。人在那里，心却永远不在，无论待在哪里都和北京差不离。同样漂泊的大哥也说过，哪里都一样，活儿还是一样的活儿，只不过有的离家远，有的离家近。

提起北京这个地方，同楼大婶没什么好印象，说以前在丰台还好点，只有极个别的小区需要走着进去，现在搬到昌平，这边的小区好多都不让骑着电动车进。有次她送两大提手纸、一大包零嘴、蔬菜、两箱子牛奶、两箱子水，来回送了三趟才送到，累毁了。

这种经历我也有，印象较深的是送酒那回，电动车不让进，在门口求了保安半天，好话说尽，他一直是那句话，别管你是啥人，都得走着进去。我问，你们有没有板车？他说，没有。我只好硬咬着牙来回搬了两趟。出门时保安还挺惊讶，说，你搬得挺快啊。我心里生着他不让我骑车进的气，没有搭理他。

有意思的是，有的小区，今天你去让进车子，明天去就不让，你要是再过几天送，他又让了，仿佛让什么样的车子进去，是他们来决定的，也是他们的特权。当我跟大婶说起这些时，她一脸鄙夷地说，他们就是看门狗，狗眼看人低哩玩意，你要是真横他们也没办法。

对于态度恶劣的保安，很多外卖员背后都骂他们"看门狗"，之所以会这样，还是跟少数保安做的事有关，而无关人群和工种。有的保安觉得骑手工资比自己高而故意使绊子，有的保安是觉得自己有点权力，想在自以为低他们一等的骑手面前耍威风。坐在不远处的大婶的儿子说，这种人就是欠揍，揍一顿就老实了。这是我头一回听到他参与我们的谈话，有点惊讶，还没等我想好怎么回答，他妈说话了，你以后别动不动就打打杀杀哩，少给我找点事比啥都强。他不耐烦地撇撇嘴，身子往另外一边斜了斜自顾自玩游戏。他妈看他老玩手机就说，你老打游戏干啥，跑单去呗。他显得很烦，将手机放到支架上，一脚油门开走了。大婶无奈地叹气，我看这情形就安慰她说，这会儿跑也没单。她说，多抢抢也有单，像我这岁数抢单也抢不着，脑子慢，手也慢，说是在外面比家挣得多，那都是熬出来的，我现在一个人在外面跑也不敢多接单子，主要是车子不敢开试快了，开得慢拿的单子就少，一天从早上6点出来，干到晚上11点多也就赚个200来块钱，天天晚上回去累哩我哪里都疼。我说我现在一天也就是200来块钱，多的时候也不超过300。我们又开始为淡季的惨淡发愁。

这之后没几天，大婶的儿子就出了点事，打电话来叫他妈过去。当时我也在，就跟着去了，走到时，看到地上躺着一个50多岁的保安，一动不动。他看见他妈来，把事情原原本本讲了一遍，说是他想着闯岗进去，结果门岗老头拉住他的车子不让，不知道咋回事还躺地上了。旁边看到前因后果的人纷纷指责保安，说他故意讹人。大婶埋怨她儿子，你非闯进去干啥，他不让进就不让进呗。他说，送快递哩让进去，凭啥不让我进，干外卖哩低人一等啊咋地，他就是看不起我，叫我说他死有余辜。他妈在他背上拍了一下叫他不要胡说八道，又走到民警跟前，用不标准的普通话央求民警看在孩子小的分上，放孩子一马。民警可能也是接过好多回这种类型的案件了，对此很无奈，因为根本无法断定现在这老头是被车子带倒的，还是他自己摔倒的。另外一个报案的保安指着她儿子说，我亲眼看见了，就是他的车子带倒的。这就很不好办了。

　　路过的外卖员在边上看着，有的主动上前作证，说亲眼看见是老头自己躺地上的。民警听见这话，没有作何反应。过了一会儿，大婶儿子的同事过来了解情况。大婶儿子就又把事情从头到尾说了一遍。他儿子的同事蹲到躺着的老头跟前逗他，叫他不要装了，地上那么冷，本来没事的再冻出个毛病，再说讹这孩子也没用，他刚出来工作，他爸爸还出车祸了。地上的老头还是不为所动，依旧紧闭双眼，一动不动。民警也没招，他把大婶拉到边上说，再等会儿吧，没准他躺地上时间长了自己就起来了。

　　5月的天气虽说升温不少，可时不时还是会感到阵阵冷气灌进衣服里，更不用说躺在地上了，肯定暖和不到哪里去。大婶看着地上的老头发愁，她给大叔打电话问咋办，大叔也没招，大婶急得快哭了。过了大约十分钟，随着外卖员的声势逐渐浩大起来，原先帮倒地老头说话的保安也怂了，不敢再给他证明，躲到一边去了，现场只剩下围观的居民和外卖员。外卖员主要是逗老头睁眼，没想到老头还挺硬气，无论咋引逗都不做反应。大约过了半个钟头，老头终于扛不住从地上起来了。民警见人醒了就说，怎么回事？老头说，他把我推倒了，得给我看病去，我在地上躺半天就是好人也躺废了。民警将老头拉一边低声说着什么，过了好一会儿，他又走到大婶跟前说了些什么，大意是多少给老头赔几百块钱，要不老头闹起来没完也是事儿。大婶儿子听到要给几百块钱，很不乐意，当场想跟老头闹，被他妈拉住教训一顿后气冲冲走了。

最后钱还是给了，只不过由最开始的 1000 块钱还到了 200 块钱。这也是多亏了民警心眼好，看他们不容易，说破了嘴皮子才谈妥的价钱，两边一手交钱，一手签字画押才把事了了。

接下来的很多天里，只要我碰见了楼下大婶，她就给我念叨这件事，骂保安心黑，骂自己孩子不争口气，更骂自己没本事，这么大岁数了还玩不过保安。当她跟我说这些时，我一开始还跟着骂骂，后来就简单安慰她几句，再后来基本上只是敷衍一下，毕竟，作为外卖员，我也会遇到各种离谱的事情。

和交警周旋

　　碰见保安我不怕，他们不让车子进小区，我顶多跟他们拌几句嘴，要是被交警叫住，就不是拌嘴这么简单的事儿了，只要交警一挥手，跟我说几句话，我的 20 块钱就没有了。

　　每回走到十字路口，无论大小，我都习惯性地向四周看，并加快油门，赶紧着骑过去。有时即便是村里的十字路口，我也有这个习惯，远远在村口看到交警的白色帽子，即使没有违规，还是会惊出来一身汗，心里慌得很，生怕他们罚我的钱。

　　头回遇到交警时，我就被吓了一大跳。那天，我忘了戴头盔，还把车子开到了机动车道上，我远远看见他就预备拐弯逃跑。交警见我要掉头走，一边大喊"过来"，一边甩出指挥棒示意我去他指定的位置，那表情严厉得好像我是个杀人犯。我乖乖将车往他那边开过去，刚要到他跟前，后面就有一辆外卖车冲到我前头了，他估计是没发现交警，要不就是车子刹不住了。我一看见他过来，高兴坏了，像是看见了替罪羊。只见那辆电动车稳稳地停到了交警跟前，比我离得还近。

交警看他都到脸前头了，也不好意思不拦住他，就说，不知道不能走机动车道？

那个骑手顾左右而言他，说，我上边上等着吧。

交警看我们俩都杵在机动车道上也不是个事儿，便侧身让开来，示意我们上路边，这一让开不要紧，直接叫他给跑了，交警紧追了几步也没追上。我看他都跑了，我不跑就是傻，也跟着溜走了，交警追都没追，任由我跑了去，如果他追我的话，可能另外一个在我之前被逮住的骑手也会溜走。我回头看了一眼那个骑手，他一点也没有要走的意思，坐在电动车上，一副很沮丧的样子，大概是已经给他开了罚单吧。

在路上骑车，我经常能看见被交警逮住的人，很多人为了图省事图快，会逆行、闯红灯、走机动车道、不戴头盔、车上载人，哪样违规的都有。交警抓人是不定时的，跟斗地主一样，时不时会来个王炸。堵人的地方也不定，有的机智的交警可能会躲在树后、花丛里头，等一看见有人违规就突然冒出来，打他个措手不及，还有的交警会选择正常行驶不好走、不得不逆行的路段，像这种的，一般是在上下班高峰期抓人，一抓一个准。

不过，上有政策，下有对策。当有交警时，群众会自发组织成一个临时的情报系统，骑行时，如果迎面骑过来的人看到你不戴头盔，会大声跟你讲，前头有交警，有回我没有听见，有个人就奋力冲我挥手，就差拉我的车把了。

除了群众自发的相互通知外，外卖员也有自己的信息站。在沙河附近跑外卖那会儿，还有线上的群，群里骑手什么都聊，生活、订单，更重要的当属信息互通。有的骑手看到不好走的路段，难送的单子，什么路口、什么地点有交警，都会在群里发消息，甚至还会附带上照片，这就降低了我们被逮住的风险。不过这也不是绝对的，有时后台会发很多消息，大家都没时间看。有时，可能是累或是其他什么原因，骑车时老是走神，看路也看不远，更不会留心这些提醒。像我大哥，我好几回半路碰见他，看到他都只看眼前10米的地方，根本不抬头往前看。我后来跑久了也这样，等红绿灯的时候，脑子经常宕机，绿灯都亮了，我还在琢磨为什么旁边的车开了，它应该开吗？我能不能过去？后面的车疯狂按喇叭，我木木地回头看了一眼，后面的人说，快走啊！我还是没反应过来，下意识里却把车子往前开了。

脑子不转的情况下，很容易就会违规，我认识的好多骑手都被罚过，倒霉点的一个月可能被逮住两三次。谈起交警，他们就会说"黑狗"之类的外号，说时还带着强烈的愤恨。在他们看来，交警就是抢钱的人。一个刚送完50块钱订单的大哥，因为半路上走了机动车道，给罚了20块钱，气得他骂骂咧咧：狗交警，我好容易抢了50块钱的单子，还叫他给吃了一半，这趟活儿跑下来相当于没赚钱，整整干了一个钟头，骑了十几公里送过去，又空车回来，弄得晌午饭都没吃。别的骑手也纷纷谈起自己的遭遇，没有一个是从交警的立场看待问题的，全都一边倒地骂，哪怕自己并不占理。

我不觉得交警执法有什么错，只不过具体到我个人头上时，还是会充满牢骚、敌意。我倒是没有被罚过钱，只有一次，差点儿被抓。有天中午，我在逆行时，对面突然冲过来一个骑手，他的速度很快，即便我已经把车刹得快要停住了，还是被他大大的装菜箱子给刮倒了。我当时一共取了 10 份餐，其中三份从车子上飞到了机动车道上，手机也从支架上摔飞了。我先捡起手机，没顾上看是否摔烂，紧接着去捡撒落的餐品，好在餐品没有任何损伤，袋子也没刮坏。车子被刮倒时，我听到一个什么铁的东西飞了出去，很清脆地落到了地上，但我不知道那是什么。旁边过来的一些人给我帮忙扶起车子时，我大声骂那个骑手，你怎么骑车的，拐弯的地方都不知道减速？

对面看上去快 50 岁的骑手看我被撞得不轻就跑了，我喊他站住他也没停下，我也没时间追他，赶着送餐去了。

在路上我拉手刹时，感觉有一节很空，低头一看才发现我的手刹被撞断了，之后给人打电话时，我的手机喇叭也不管用了。送完午高峰的一波单子，我就给交警打电话，想咨询一下，逆行被人撞坏了东西是谁的责任。交警说，当然是你的责任，你逆行我还得罚你呢，你站那里别走，我马上过去。

我说，那算了，你别过来了，我这就走。

挂断电话，我就逃之夭夭了。

逆行

在整个 G6 沿线跑单，一天里头可能有大半天都是走逆行路线，有时是不自觉的，因为不熟悉路况，有时是懒省事。比如我从住的地方往合生汇去就会先逆行 1 里地，走到沙河大桥的桥洞底下，才会走上正常行驶的路线，否则就得绕上一圈，这一圈至少多出 2 公里。

在我接过的所有合生汇和珠江摩尔美食城的订单中，70% 都是不得不逆行的订单。从合生汇送餐，最主要的逆行路线有两条。一条是往科学园方向的，这条路送单时不需要逆行，从那儿出来就只好逆行了，因为那段路在北清路边上，去对面马路很绕不说，红绿灯时间也长，一到下班高峰期，路上逆行的人比正常行驶的还多。还有一条逆行路线是往佰嘉城、华北电力大学方向的,我喜欢接那边的单子,特别是午高峰时,学校的订单非常多,但就得逆行过去。大学正门和侧门就在 G6 辅路边上,如果不逆行,就得再往前走 3 公里,上过街天桥才能到达对面。

跑外卖后,我才体会到,北京的一些基础设施做得并不合理,比如很多老式的过街天桥是没有专用坡道的,大多是在台阶两边弄两个斜坡,稍宽一些的还好,我能很好地判断自己的车能否通过,车胎该放在什么位置,但是像那种坡度很大且不够宽的斜坡,我在往上或是往下推车时,经常会被餐品或是挡风被遮住视线,使得车胎掉到台阶上。

有一回摔得很狠,那是一趟往市中心去的 20 公里的远单。下了高速辅路后,单子送餐点在高架桥的另外一面,想要过去有两种选择:一种是多绕几公里,沿着马路过去,一种是从地下通道过去,很近,100 米就能到对面。我图省事走的第二种。到地下通道口时,我看到整体的设计非常不合理,像是一个从来不会步行的人设计出来的东西。进口的台阶中央处斜坡太窄,只有不到 30 厘米的宽度,上坡与下坡中间只有一砖的缓冲地带,油门稍大会冲下去,稍小则上不去。我还没想好怎么下去时，右手不小心拧转了油门，车子一下子冲了出去。那个斜坡设计得也很反人类，好像做了抛光似的，根本拉不住，我连人带车从台阶上滚下去，得亏中间有个缓冲的平台，否则后果不堪设想。

　　车子掉下来时，我本能的反应还是拉着车子，导致砸到了腿。一个过路的大哥帮我扶起车子，问我要紧不要紧。我腿痛得很，嘴上说着没事，手上忙着捡落地上的鲜花和一份焖锅，好在焖锅只是撒漏了一点，但是汤汁溅到了鲜花上。我看了下订单，那束花得400多块钱。我怕要赔付，寻思找个超市买把剪刀，将有汤汁的那几个花边剪断，但快走到送餐点了都没碰见一个超市，就用牙把花边给咬断了。束带也弄上了油污，我从餐箱里拿水出来洗了洗，稍微没那么明显。顾客并没有发现，也可能发现了但没有追究，我心里有些惭愧，主要那天是教师节，我想人家可能是感恩老师的。

　　有这一回，我就对上天桥和过地下通道产生了心理阴影。而且，总在天桥上上下下，会让电动车刹车片磨损得厉害，下雨天更是严重。如果在雨天跑上一天单，车子会"刺啦刺啦"地响，刹车也变得没那么灵敏了。一个刹车片20块钱，要不注意使用，俩星期就得换一回。所以很多骑手能不上过街天桥就不上，能逆行过去就逆行过去。

就我所知，没有外卖员是没逆行过的。

本身，系统给的送单时间就很短，要在规定时间内完成配送，骑手要么是选择骑快点，违章，要么就是少接点单子，挣少点，除此别无他法。其实一开始系统给的时间并不像现在这样苛刻，听一些跑了十多年的老骑手说，原先给的时间挺多的，单子也好送，不像现在这样难干，怪就怪那些"卷王"。比方一个小时的单子，效率高的人可能40多分钟就能跑完了，系统就会根据这个人的配送时间进行迭代更新，如果再有更厉害的骑手，30多分钟能完成配送，那系统又会根据这个人的速率进行调整。我们对那些跑单很厉害的人，又羡慕又厌烦，要不是他们，跑单还会轻松点，不至于像现在一样"互卷"。

我要是中午想多接仨俩单子，不仅要在取餐时紧着跑，也要在骑行时选择最短路线，不断去逆行、闯红灯。在逆行急速行驶时，心里还是挺怕的，一到路口，即使路上没人没车，拐弯也会吓出一身汗，像晚上逆行更危险，迎面过来的车灯晃得人看不清任何东西，一路都是停停走走的。尤其在 G6 上逆行特别难受，那条路上头在修高架桥，桥下头被围了很多实心的铁皮，很影响视线，在拐弯的地方，连个反光镜都没有，如果骑行速度很快，跟迎面的人撞上的概率就很高了。

有回我去换电，看到有个小伙子膝盖上绑着绷带，浑身满是擦伤，我问他，你这是咋整的？他满不在乎地说，拐弯的时候开得太快了，翻车了。我说，都这样了还干啊？他说，老爷们儿嘛，这点伤算啥，咬咬牙就过去了。随后，他潇洒地骑车离开。

车祸挺常见，一天里头，我最低能看见两次车祸，其中至少有一次是跟外卖员撞的。

我自己也撞过，第一反应都是先检查餐品，餐品没事，才会去看自己的伤，基本上只要关节没事，不影响送餐，我都不理会。

每天磕磕碰碰太多，对我来说，这是跑外卖过程中的正常损耗，那些配件跟我的身体，总是无时无刻不受着创伤。即便我在路上小心翼翼地骑车，也还是会受到无妄之灾。跑外卖越久，我就越容易把它当成一个限时游戏，觉得自己就像是游戏里面的超级玛丽，每丢下一单，就能从头顶的墙上撞下来一个金币。所以我对自己订单的完成近乎变态，有的单子还没送到顾客手上，就已经点了送达，这也让我招来了很多投诉。

外卖员吃饭的地方

　　我娘老是担心我吃不好饭，天天发微信问我吃的啥。她一问，我就把菜往好了说，往多了说。这话也不算糊弄她。跑起外卖后，我的食量大得惊人，这点是我意料不到的。以前我一顿饭最多吃一个馒头、一碗粥加一些素菜，跑外卖后，我怕自己营养不良，一顿饭至少要吃两个馒头、一大盘荤素搭配的菜，像这种分量我一天得吃四顿。即使这样的吃法，我的胃也没有像以前那样反酸、痉挛，更没有长胖，大概是因为我每天的运动量太大。

　　刚入行那会儿，手上单子少，离住的地方也近，只要没单子了，我就买点菜回去做饭。我住的地方蟑螂多，吃的东西早上放在明面上，晚上回去上面就布满了被蟑螂啃噬的孔洞，馒头、蔬菜、零食里，都钻进了蟑螂，每次吃东西前我还得先抖搂一下，把蟑螂抖出来。我的节俭跟粗糙的生活习惯脱不了干系，也跟北京的菜价和馒头价格有关。我们农村老家的馒头按斤称，比北京的要便宜3毛。我刚来北京时馒头价格是五六毛钱，疫情期间逐步涨到了8毛，这还是馒头店里的价，超市里的更贵，一个相同大小的馒头都要1块钱。我买馒头基本上去馒头店，要是馒头店没馒头了，我不吃也不去超市里买，不想花那2毛的冤枉钱。那些钱看起来不多，成年累月买就出数了。我在这里住了5年，按一天俩馒头算就是不小的一笔钱，够我多吃700多个馒头了，更何况我一天还不止吃俩馒头。

不过，超市里也就馒头贵，蔬菜价格倒都差不多，我路过村里的超市时会从超市里买点回去，实在不想动了，就在网上买。在网上买过几回，我发现价格越来越高，最先我以为是跟蔬菜价格波动有关，直到一次我偶然登录另外一个账号，才发现它杀熟，同样的菜会高出2到3块钱，自那后我都是在线下买。半道接单回来，我会在公寓楼拐角处的摊子上买，叫我说那真是个好地方，城管拐不进来，也不会往里面看，很安全，而且上下班过路的也多，很快菜就能卖完。大家主要是图她的菜便宜，5 块钱就能买三把不同品类的小青菜。

像于辛庄这种城中村，对蔬菜的需求是很大的，别看村里每条街上都有两三家蔬菜店，到晚上你进店去买菜，就很难买到新鲜的，只有一些蔫菜和不怕蔫的菜供你挑选。每次买到那种不太新鲜的菜时，我就会感觉很亏，就像是他们坑了我的钱。

跑外卖时间长了后，我经常忘了吃饭时间，也没时间做饭，等肚子饿了，也找不到吃饭的地方了。这倒不是说吃饭的地方太少，北京路边饭馆还是很多的，但那种饭馆于我而言太贵了，随随便便一顿饭就接近 20 块钱，要搁以前我眼睛不眨就进去了，跑外卖后我变得抠门起来，哪怕是 15 块钱一顿的快餐我都认为过于奢侈了。15 块钱要是折算成跑单费的话，得是三四个近单子的钱，7 公里远单的钱，要吃我也得吃低于 15 块钱一顿的快餐。

我老去吃的一家快餐店只要 13 块，13 块钱的快餐也不是真的只值 13，老板只是看你穿着外卖服或是戴着外卖员的头盔，才按 13 算的，给别的人都得贵好几块钱。13块钱会给俩素菜，一个荤菜，主食也不限量，有的老板看我是女的，还会多给我个鸡蛋什么的，这让我心里暖暖的。

在11点我去取餐时，快餐店里坐满了人，一半是工地上干活儿的农民工，另外一半则是附近写字楼上班的人，差不多接近中午2点，才会有大批外卖员去吃饭。一个美食城里往往集齐了天南海北的名吃，饺子、炒菜、烩面、凉皮、螺蛳粉、麻辣烫等应有尽有，人坐在里面被各种热气包围着，坐不了多大会儿，浑身的衣服都快湿透了。

接近夏天时，单子逐渐多起来。我平时都是边吃饭边抢单、接单，有时饭刚打好单子就到手上了，我就把饭打包，在半路上吃。通常那些老板给的菜量很大，满满一盘子，一般我吃不完，多多少少会剩下点儿，就找老板要打包盒兜回去。其实兜走了也没空吃，就在车把上挂着，等到晚上有时间吃了，饭都馊了。

打包前两次时，老板没说什么，到第三次，老板不愿意了，他跟我说，你怎么老打包？还没等我解释，他继续说，我们干这个本身赚不了多少钱，再说你要是打包的话，菜量肯定不会给你那么多。我看到大家都在看我，有点下不来台，就说，我其实吃不了这么多菜，你们给的太多，丢了也是浪费。他说，那你下次来，我可以少给你打点，或者你自己打也行。

等我自己打时，他们又故意多收我的钱，很不情愿地看着我选餐，那个负责打饭的看我要自己打，还说，你打的饭是按斤称的。论斤称肯定要贵个一两块钱，于是我就又回到最初的那种打饭模式，告诉他们我要啥，只不过在这之前我会讲一下我要吃多少，尽量不让彼此都觉得吃亏。有时为了弥补自己打包不了的缺憾，我还会故意多要一个馒头，留到第二天或是晚上当主食吃，不过，多数时候我在送餐路上就因肚子饿吃掉了。

在路边坐着吃东西的配送员很多。我在给体育大学送餐时，就碰到一个跑闪送的 40 多岁的大姐，她坐在离自己车子不远的地方，干啃着一块饼，饼看起来又干又硬，连个榨菜都没配。我问她，你怎么就吃这个？她说她每天出门时都带着一张饼，一半中午吃，一半晚上吃，在外面吃太贵了，一顿饭都得花 10 多块，她不舍得，况且她赚得也少，一天从早晨 8 点多出门到晚上也就赚 200 来块钱。她问我赚多少时，我没好意思跟她说我一天能赚 300 多，就说，咱俩差不离。

她跑闪送已经有好几个月了，出来打工主要是因为在老家赚得少，她们那边一个人一亩地都没有，一家子合起来的地还不到五亩，上化肥、打药、收割都得花钱，她家去年也倒霉，夏天麦子让水淹了，好容易熬到秋天玉米抽穗，一场大风把一半的玉米给刮折了，一年下来地里折腾出来的钱还没有花的多，一气之下她把地包给了别人，跟着老公一块出来打工了。说起跑闪送，她也一肚子委屈，倒不是说送东西累，而是事儿累人。她曾经接过 20 多公里 50 块钱的蛋糕单子，在路上她小心加小心，等到了地方时，蛋糕上面的卡片还是歪了一点，顾客验货时直接给拒收了，说蛋糕歪了没法吃。她跟人家讲道理，就是一个卡片，扶起来不行？又不是蛋糕歪了。顾客还是不要，因为她是个讲究风水的人，感觉这样不吉利，死活不收。实在没法了，她自己花了 100 多块钱将蛋糕买了。本来这事就让她一肚子的委屈，回去了她老公还骂她菜，一个蛋糕都送不好，嚷嚷着叫她再出去把赔出去的钱赚回来。那天她跟她老公大吵了一架，结果蛋糕谁也没吃，在桌子上放了好几天坏了，给扔垃圾桶了。

她愤愤不平地说，叫我说就是城里人都矫情。

发泄完一通之后，她的心情看起来好了很多。接着大姐又跟我讲起丢垃圾的活儿，说起这类活儿她显得兴致勃勃的，像个小孩子。丢垃圾的活儿对农村出身的她来说那叫一个轻省，把五六大包垃圾扔了钱就到手了。

我来了兴致，便问她，你们送东西不是论斤称吗？专门让你丢垃圾不得花不少钱？

她伸出五根手指比划着，我以为是 500 块钱，刚想羡慕，结果她说，一共给了我 50 块钱。本来她们送单子都是按斤算的，东西那么沉，得百十来斤，算起来可不是这个价，可是大姐实诚，没好意思要那么多，就要了 50 块钱就把活儿干了，那家人临走时给了她一大兜子水果。

我一脸羡慕，说，那怪好。

这个话题刚说完，她就又绕回到刚才的事上了，大概这事给她的冲击很大。那次赔了蛋糕钱后，她半个月心里没过来，好容易才从饭钱上抠出来那些钱。

看她瘦弱且脸上毫无光彩和神气的模样，我劝她说，饭还是该吃就吃，不能省。她跟我碰到的很多骑手一样，对吃满不在乎，只是一味地想攒钱。她说我不当家不知柴米贵，不像她上有老下有小，不给孩子结婚娶媳妇不行，眼瞅着孩子大了，老大要结婚，老二上大学，哪一样都得花钱。她家老二读完一年大学，看父母辛苦不愿意上了，说不能因为上学把父母累死，要不是后来他爸爸狠狠骂了他一顿，他还不会去。

提起她家老二，她脸上瞬间有了神采，眼睛里也出现了光芒。老二学习很好，也懂事，在学校里拿奖学金不说，还知道去打暑假工减轻父母的负担。老大就不行，啥班也不愿意上，就是保安这种活儿他都不想干，一天到晚在家里憋着，到时候结婚，啥钱都得老两口拿。我说，他结婚了你们不是更累啊，还给他娶媳妇干啥？她有点不悦了，说，不结婚叫啥话，我得完成我的任务，以后过得咋样我就不管了。

我也没法劝她，更不想把我家里的事情告诉她。我明白，即使我把我大哥结婚十几年还是不求上进的情况跟她说，她还是会坚持给她的大儿子娶上媳妇。

我跑外卖的第一辆电动车

于辛庄村主干道

村里的 24 小时泡面屋

村里的违章建筑被拆除后，改成了停车场

刚开始跑单时，我常去的美食城

每天出门送单前，我都会去村子外面的换电站先换个电瓶

每天，我都要在超级合生汇这个大穹顶下跑来跑去

去昌平山里送货

从昌平回龙观接了一个往卢沟桥附近小村子的跑腿单，接近 50 公里的路，骑了快三个钟头，途中我只在换电时休息了一会儿

去地下超市取件

刚开始送餐时，走到了没有路灯的河边

于辛庄村后头的小树林，我时常去这里散步

送餐时经过沙河水库，无暇停下来欣赏美景，只能匆匆拍张照片

由于修高架桥，合生汇边上的路总是被截得一段一段的，很难走

需要上下推行的过街天桥

平时经常要走的地下通道，我不敢像男骑手那样，直接骑下去，都是一点点推下去，即使这样，也翻车好几次

每隔一段时间，我就会换到坏的，或是不耐用的电瓶，幸运点的时候还能骑着共享单车去更换，大多数时候只能推着车找换电站

午高峰过后，在商场外面等单的人

跑单间隙，我时常在合生汇的这个台面上休息，但不会躺太久，台面是铁的，躺一会儿就浑身冰凉

接到家里的电话

　　我娘忽然给我打来电话。通常她没事不主动给我打，只要打那家里准有事发生。我心都提到嗓子眼了，接了电话问，娘，有事啊？我娘支支吾吾说，我不知道咋跟你说这事。我说，你慢慢说。

　　我娘说，你大嫂子已经一个星期不搭理我了，说我看不起她，不光是我看不起她，你二哥，你二嫂子，你，还有凤，街坊邻居哩都看不起她。说上回咱都去你二姨家也不喊着她，一家子背着她去，生怕她沾上光喽。我对于人际关系不敏感且排斥，觉得这事有点小题大做，去别人家又不是那么自在的事情，还不如在家躺着舒服，但对于喜欢凑热闹的大嫂子来说，显然是一件大事。

　　最终让大嫂子彻底爆发的是，我二嫂子过生日时，开玩笑说我娘得给她 520，我娘想着从来也没给人家带过孩子，发个钱也不多，再说了，她也老是给我娘钱，就二话不说给二嫂子转了 520 块钱，结果叫我大嫂子知道了可闹吧。大嫂子跟我娘闹就算了，我爸爸也在后面煽风点火，只要人家说点啥他就添油加醋一块骂我娘，让她心里很憋屈。大嫂子不搭理她，光借着孩子写作业的事，一回回地打孩子，我娘说，她这是打给我看。我娘跟她说，大人的事别叫孩子掺和进来，她不说话。自始至终，大嫂子没跟我娘呛呛一句，就是死活不理她。我娘说，过两天我都发愁咱家的蒜咋办，人家都已经开始剜蒜了，就咱家还没啥动静。

往前，收庄稼时我娘会把在外打工的大哥喊回来，吵架后我娘就不敢喊大哥了。她说，恁大嫂子说，哪年收庄稼都叫恁大小儿来，咋不叫恁二小儿来，他们知道赚钱俺不知道啊，本身恁大小儿就菜，回来再耽搁十天半个月，俺一家子都喝西北风去，以后轮流着吧。叫二哥回来是不可能的，他是我们家唯一有固定工作的人。我说我回去帮忙，我娘又不愿意，嫌我力气小，帮不了太多忙，我只好说，你多给菩萨奶奶上上香，老人家肯定帮你哩。

求神拜佛是我娘处理问题的习惯，她自己的心结、困难找不到人解决时，经常是寻求菩萨的庇佑，而不是找我们这些子女，她怕影响到我们的生活。那尊她经常拜的菩萨还是我跟前夫结婚的两天前请的。我跟她说，等我结婚了可能就没法经常看你了，也没法见天给你按腰了，我给你请一尊观音菩萨，你哪里不得劲了，有啥烦心事了，你就跟菩萨说，菩萨肯定帮你。时间长了，我娘跟菩萨说的话比跟我们说的还多。

我娘说，是，我得求菩萨保佑我把蒜顺顺当当收完，身体好着点，别生毛病，多点力气。我怕我娘累出个好歹，又说要回去帮忙，她在电话里就发起急来，说什么也不让我回。

这两年，我爸每逢家里收庄稼便会喝醉，酒精损害了他的健康，使他变得力气越来越小，他开始怵活儿了，一提干活儿就发急，临收蒜之前他连着喝醉了好几天。去年这时候，为了不让蒜烂在地里，我娘天天早晨5点多就起来，自己扎地里剥蒜，忙得饭也顾不上吃，一直干到啥时候饿了，回家喝几口水，再自己上地里埋着头剜。天黑了，地里没人了，她也不回去，用她的话说，晚上干活儿凉快，不跟白天似的，在太阳地里汗滋滋地往外冒，没几分钟衣裳都能拧出水，穿的布鞋里里外外都湿透了。为了干得快点，她干脆把鞋脱了，光着脚板在地里跑，惹得村里人都打趣她。她后来跟我说，就这怂爸爸还不心疼我，我回到家还得给他做饭。

过了几天，娘又给我打电话，说蒜收了也卖了。她说临收蒜的前三天，她天天都给菩萨烧香，说，菩萨，你老人家大慈大悲可怜可怜我吧，叫我挺过这一关，帮帮我，叫我顺顺当当地把蒜收了。说完我娘给菩萨磕了三个头。收蒜当天，她又给菩萨磕头。原本收蒜那两天是最热的时候，在树荫下站着都淌汗，隔墙邻居家比我们家早收一天，他们光给地里干活儿的人送水就送了好几桶，等我们家收蒜的那天，突然凉快了起来，穿得薄的人还有点凉嘞，这可给我娘省了大事了。人家都问娘，给哪里的菩萨烧香了，这么好的天让你赶上了，我娘光笑不说话。收完蒜当天我娘就把蒜都卖了，每亩地比人家还多卖2毛钱嘞。

听她说这些，我心里五味杂陈，悲喜交加，不知道该说啥好。

我娘说，咱收蒜的时候，我看见恁嫂子在那里闲着，我没喊她，啥都没叫她帮忙，有菩萨照应着我啥都不怕，到时候收麦子我也不用她。

我怕我娘收麦子再累病了，就跟她说，你要收麦子时提前给我说，我回去给你帮帮忙，大的力气活儿我干不了，做个饭肯定没问题。她说，你能回来给我做饭，就是给我出大力了。我说，我到时候肯定回去，你别担心。

回家收麦子

　　每年 6 月初，北方就开始收麦子，这个时节很多农村的青壮劳力都会提前回老家，帮忙收几天麦子，等粮食收下，庄稼种好，重又四散到全国各地。一般而言，回来收庄稼的都是些没有固定工作的年轻人，他们不是干些散活儿，就是去工地做大工、小工，再或者跑运输，干别的体力活儿。但凡条件好的，往往是转给家里老人一些钱，让他们找人收庄稼。

　　收麦子之前一周，我娘看大哥在北京丰台那边混得吊儿郎当的，想让他到昌平我这边来，这主要是我娘看到我赚住钱了。跑外卖第二个月，我就已经赚住 6000 多块钱了，那还是淡季，一半时间车子不好使的情况下赚的。但是后来买杂七杂八的装备，各种开销，让我前两个月的收入又都出去了，回老家以前，我几乎没怎么赚住钱。

叫不叫大哥我心里有些纠结，他过来后，很多事情我都得替他操扯起来，那可不是一件两件的事，像找房子、买装备、买生活用品等，都得帮忙张罗。当然，他来也有好处，碰到半道车子坏了，或是拿不过来的单子，他或许能帮我个忙，即使帮不了我，也能让我心里有些底气。回老家前，我让他把东西先搬到我租住的房子里。客厅蟑螂很多，第二天他跟我说，一觉醒来，背上压死好几个蟑螂。我没顾上跟他说那么多话，扒拉几口吃的就出门赶回老家的车。

等到了地方，发现车上坐满了大半，以中年劳力和年轻小伙子为主。行李非常多，把车厢塞得满满的，有被褥，锅碗瓢盆，自己在北京用木板钉成的板凳也扛着，有的甚至还装了在北京用麦秸编的辫子，它们一挂一挂地抱在司机的怀里，那司机费了好大的力气才将辫子塞车里。行李放好，人也上去后，车子依旧不走，还要等等来迟的人，任凭车上的人怎么催促，司机依旧不慌不忙地在外面抽着烟。不等也不行，少上一个人，100多就没了，少上两三个人那一路的油钱就白瞎了。6月份回家收庄稼的也没那么多，司机通常都会绕来绕去，直到车上的座位上都有人了，才会驶离北京。

一路上，手机声此起彼伏，我靠在座位上数次想睡着，都被谁突然高起的调门或者视频声给惊醒，只得重新打起精神坐起来，刷刷视频，听听书。其实，在这么嘈杂的环境里听书，书的内容只能听进耳朵里，听不进心里，一本书看似听了一大半，却不知道里面都讲了些什么。离家越近心里的事情越多越乱，脑子全不在书上，尤其是大巴车快到家时，想的都是家里的事情。

临近莘县，我娘就给我打电话问我到哪里了，我跟她说还有一两个钟头，叫她不要急着接我，她还是隔一会儿打个电话，问我到哪里了。回去那天下着小雨，到家前的三十分钟，我给她说不要着急，等我到了再去也不迟，谁知道她提前在十字街头等上我了。我一下车，看她没打伞，很心疼，责备她说，你咋不打伞。她看我一身打扮，脏兮兮的，前面还背了一个满是油污的斜挎包，就骂我，你也不嫌丢人。我心里不悦，说，咋了？她说，抓紧把你那个包扔了去，我看见就恶心，这么脏你还要它干啥。

我平时跑外卖浑身脏了吧唧的习惯了，她这一说我发现它确实脏得很，就说，我在北京都是这么背的，习惯了。她说，你真是跑外卖跑傻了。我娘数落我半天，惹得我很想发火，可是看着她佝偻着背、满头白发、又瘦又小的模样，有些心软了，就说，娘，你老了，以后不能跟你吵了，本来我想发急的，一看你这个样，觉得有点不忍心了。我娘听我说这，也不再唠叨我，转而笑吟吟地说，就是，你以后不能跟我吵了。

我们娘儿俩挤在电三轮的车座上，我撑着伞，娘骑着车子。回去路上，我们碰到很多人，有些我已经忘了他们是谁家的人，也没接触过，都是我娘让我喊啥我就喊啥，像小时候她领着我出门，该叫婶子的就叫我叫婶子，该叫大娘的就叫我叫大娘。我问我娘，这几天回来的人多不多，三叔的儿子回来没有？我娘说，人家都收完走了。我问她，咱家的收得咋样？她说，咱家大块地收了，北边的小块是昨天收的，就剩下三四亩没收完。我说，那你咋这时候才叫我回来，这不是没活儿了？她说，我就是想叫你回来一趟。

穿过热闹的街道，到我们村里头时，只有电动车在路上骑行时的颠簸声，间或传来的狗叫声以及吆喝着卖东西的声音。对我来说，故乡是个不断消音的世界，嘈杂的声音会越来越低，直到我们的胡同口就近乎消失。

我们那个胡同里原先住了四户人家。最头上的是兴印和他爹家，兴印老婆跟人跑后就没回来过，他爹跟他娘也在前几年没了，因此，最头上的两家院子便空了。住在我们家前面的是欢欢家，欢欢妈因为精神出了问题，家里人都不待见她，再加上欢欢结婚后，有一次她想去闺女家吃饭，被她闺女的婆子赶走时，她闺女也没帮她说话，让她伤心绝望了。有一天，她趁家里没人，偷偷买了一瓶农药自杀了。

后来欢欢家的那座房子卖给了二才，但他们从来没住过，只是盖了个屋。那两年，听说观城要合村并镇，大平房都得给推了，盖成连成片的小洋楼，到时候，大家都没院子，收了庄稼只能是卖了，不能往家里拉，所以大家伙儿都很反对合村并镇。但是不同意归不同意，要是政策真的执行下来，谁也抵抗不了，还是得乖乖就范，与其对抗不如捞点好处。

二才家也是这么个想法，就盖了个屋，别管是卫星识别，还是土地丈量，他都有这么个地方在。

二才盖屋子那年，不少人家都在自己的空院子起了房，没条件起砖瓦房的，就建个铁皮简易房，不仅屋子是铁皮做的，连围墙都是铁皮箍起来的，大老远看还真是那么回事。我爸看人家都把屋子弄起来了，也想在另外一个空着的宅基地上盖个屋，我娘第一个不同意，种地多年，他们手上也没积攒住钱，一年到头人情来往、吃喝拉撒，种子、化肥、农药、收割、犁地、耕种的钱投出去也不少，拉拉杂杂各项支出基本已耗尽所得，因此家里人都反对我爸盖新房子。在全家人的反对下，大房子没盖成，盖了个小的，也算是个屋，证明有人住。

一进家，我把行李随便一扔，去屋里东找西瞅，经过一天的颠簸，我路上连口饭都没吃，结果找了一圈什么现成的吃的都没有，桌上的盘子里都没炒的菜，只有半碗看起来吃了有一段时间的西瓜酱。我问娘，你们平时不炒菜？我娘说，也炒，但是恁爸爸不吃，说菜没味，光吃那些咸死人的酱，他不吃我也懒得做。我说，菜该吃还是得吃。

歇了会儿，我抄起家什收拾屋子，把角角落落都用抹布擦一遍，又扫了扫院子和胡同。做这些事情的时候，我很享受，从送外卖以来，我很少很缓慢地做一些事情。这些琐碎的小事，让我紧绷的神经柔软了下来。

我娘已经提前帮我准备好了床铺，铺了柔软的棉被，还有套着塑料袋的枕头。那个枕头是我从北京带回来的，我回家里时间短，枕头都是凑合着用的，不是枕着叠起来的床单睡，就是枕棉袄、棉裤、被子，从来没有枕过像样的枕头，这才一怒之下买了枕头。

我问我娘，你咋还套着袋子用？

我娘说，我怕给你弄脏喽。

我将塑料袋扯下来扔到地上，说，套着袋子睡多难受，一翻身都呼啦呼啦响，又不得劲儿。

我娘又捡起来说，扔了它干啥，套着袋子能放哩时间长。我没管她，直接将袋子扔到垃圾桶里说，你用就行，脏了我再买。我娘拗不过我说，行行行，听你哩。

等我把屋子收拾好，我娘也做好了饭。一年里头跟我娘安安静静地吃饭，总共没几回。

出不去又回不来的人

回家两天，才终于轮到我们收麦子，剩下的没割的地块倒是不大，只有几亩地，一共拉了两三马车的麦子。因为我父母住的院子小，胡同窄，进出车不方便，这两年粮食都是卸到我大嫂家的院子里。卸麦子时，我爸看起来一点力气也没有，我直接拿过他手里头的刮板，跟我娘将三马车车斗里的麦粒子一块刮进了麦苎子里。就在我们刮麦子时，王冲的嫂子给我娘打来电话，问我们什么时候浇大块地，她想排个号。

收完麦子家家都得排号浇地，不然浇不上，王冲的嫂子跟我们是一个小队里的，怕不提前说，我娘再让人家挨上号了。

她们打电话时，我听到我的堂弟王冲在逗他嫂子孩子的声音。我问我娘，王冲回来了啊？我听见他的声音了。我娘脸上显示出不悦，跟我讲起王冲回来好几天了，是他嫂子叫他回来帮忙浇地，他嫂子这个人啥都算到骨头缝里，光知道叫王冲请假回来，不舍得叫他哥哥来，这一来一回净耽搁挣钱。一个春天王冲回来好几趟，一来就拉着他嫂子跟她的俩孩子上范县吃好吃的，要一回还好，关键都好几回了，外面都有闲言碎语了，都说这不像话，哪有小叔子天天拉着嫂子跑的，王冲都还没结婚，要是人家不知道里面情况的，都得以为他嫂子是他媳妇，就是不说是他媳妇，人家也得觉得他离过。我娘说，这事咱也没法跟他说，说哩多了显得跟咱多事哩一样。我说我去提醒一下王冲，我娘警告我说，你可别说，到时候人家再摆你难看。我想了一下觉得我娘说得对。

第二天我在门口站着时，王冲跟他嫂子骑着电三轮停到我跟前，一直按喇叭，弄得我很烦，送外卖的时候，我最烦的就是别人在我后面按喇叭，我刚想发急，王冲就下车跟我打招呼了。我差点没认出他来，与年前干净利落的精干模样比，他现在的穿着像个中年人，脚上穿着沾满泥巴的长筒雨靴，牛仔裤脏兮兮的，上身穿的格子衫也落满了灰尘。我正愣怔的时候，他问我，姐姐，你啥时候回的？

我说，我回来一两天了，给恁二大娘收收麦子嘞，你嘞，回来几天了？

王冲说，我回来好几天了，帮着俺嫂子浇浇地，过两天就走了。

接着，我问了一个我最关心的问题，你现在还待济南干直播啦？

他说，没有，我现在待莘县嘞。

这倒是令我很意外，早先他说过想换个地方待待，我以为他会往更远的地方走，没想到直接回来了。我问他待莘县干啥活儿，他说，给人家送水嘞，一个月 5000 块钱，管吃管住，上班时间也不长，每天就干 8 个钟头，下班还能跟那几个伙计一块喝喝酒，自在哩很。

我说，你咋不上北京？之前跟你说哩好几回，你不来。

他跟我诉了一通苦，说是上北京不好找活儿，他待济南虽是干了好几年直播，可直播公司都是新起来的，没啥经验，本来他计划在同一个公司待几年把东西都学会了，再上北京去闯荡，谁知道干过来干过去还是那些东西，每个岗位的职责划分得很清楚，一个萝卜一个坑，根本不会叫他从头到尾都干一遍。他在那边都光举牌子了，就是去北京还是举牌子，没意思。他感慨自己这两年老了，精力老是跟不上，干直播工资怪高，但是见天弄到二半夜，以前跟个大夜回去睡几个钟头，醒来跟打鸡血一样，现在不中，再多叫睡几个钟头还是困，干到最后弄得耳朵眼子生疼，上医院检查也查不出毛病，大夫叫他多休息，要不因为身体差他也不回莘县来。

当我听到1994年生的堂弟说自己老时，我自己也忽然有种深深的疲惫感，好像他就是我，我们都是被城市用完就丢弃的人，就像一个鱼漂不断往下漂浮，只不过，我们再怎么漂也无法从城市沉到最底部，只能在中间游荡，试图钩住什么。20多岁的堂弟，在济南蹉跎几年，既没有足够丰富的经验去大城市闯荡，又和农村脱节太久无法从事田间劳作，只能是夹在城市与乡村中间去找活路。

看到如此颓丧的堂弟，我还是劝他说，待莘县一段时间行，不能老是待那里。

王冲还想再跟我说什么，他嫂子催他说，抓紧回去吧，咱一天没吃饭了。

王冲跟我说，姐姐，那俺不跟你聊了，得空了上俺家来玩。

我说，中。

看王冲跟他嫂子走远了，我才跟我娘说，他一个月前跟我借了 1000 块钱，说是公司快要倒闭了，已经两个月发不出来工资了，想换个地方待着，我没想到他上莘县混去了，怪可惜哩，一个大学生，还是音乐专业哩，干这个活儿怪可惜。我娘说，谁知道他咋想的，春节哩时候，恁秋玲嫂子给他介绍的那个对象，最近听说散了。

春节那回相亲我还跟着一起去了，其实路很近，也就一公里，骑电动车也能过去，可为了显得有面子，开着他新买的汽车去的。原想着，秋玲嫂子这么硬的关系，王冲的婚事肯定是板上钉钉，没得跑了，谁知道最后还是散了。我问我娘是什么情况，我娘说，这事也怨不得人家小闺女，是王冲跟人家说，他一时半会儿不打算结婚，人家才不愿意哩。

我娘叫我劝劝王冲，平时我们聊得多，问问他看咋回事，要是还能再跟人家谈，就再谈谈，越往后人家说媳妇的越少。

我说，他是不会把握住机会，之前听他说，他上班哩时候认识一个女孩，人家挺待见他哩，想跟他结婚，前提是得上安徽那边安家落户，叫他倒插门，他不愿意，最后人家跟他分手了。这事儿王冲跟我说了好几回，他说要是那时候同意就好了，房子是现成的，结婚以后老丈人还能给点钱让做个小买卖，那时候咱就是心气忒高，看不上这些，现在后悔哩不行。

我娘怕王冲真的被挑剩下，就跟我说，恁兄弟听你哩，你说说他呗。

我不大愿意管别人的事，我娘一直叨叨我，没法了，我只得上王冲家去找他。王冲家就在坑边上，去他家原先有两条路，一条是从没了水的旱坑里直接穿过去，一条是走大路。随着西街村人口不断增长，原来的旱坑被逐渐填充变成了宅基地，只能从大路往他家去。早先，大路上空着的地方也很多，上面都种着树，一到夏天，上头就会有各种各样的鸟在叫，有时候还能在地上捡到从鸟窝里漏下来的鸟蛋。现在树也没了，鸟也没那么多种类了，不知道是因为树没了才没了鸟，还是被人逮光了，现在只能听到些许麻雀、布谷鸟、啄木鸟的叫声。

现如今，我们村里的空地都盖上了房子，那些房子密密麻麻群集在一起，让人感觉闷得慌。走在村里，我经常会有一种疏离感，就像这里不是我的故乡，尤其是当我面对一些新建起来的建筑，还有突兀在庄稼里占地几百亩的猪场，村里拔地而起的八层楼公寓时，会恍惚半天。也许，我的故乡只是指我们家的院子，以及站在院子房顶上看到的树丛，还有我的父母吧。

我走到王冲家院子里时，王冲正坐在马扎上玩手机。见我来，他说，姐姐你来了，我还说等天黑了找你玩去嘞。

我说，待家里闲着没事，看你干啥嘞。

他说，没干啥，歇着嘞。

我们闲坐着半天，我才问王冲，听说你跟人家散了啊？咋不愿意了？

王冲跟我说，等以后再说吧，今年俺爸爸跟俺妈身体都不大好，俺爸爸是光喘，俺妈是腿水肿，前段时间上北京检查了，给拿哩不少药调理着嘞，不知道是不是跟他两待洋车子厂里干时间太长有关还是咋着回事，弄哩一身毛病，光看病都花不少钱。

他又说起在济南的事儿，说和同学一块开直播公司，贷款了十来万，最后也没治成啥事。起号忒难了，你觉得你投入不少了，实际上跟人家比就是"小卡拉米"，搞不了几个视频钱都烧没了。这为能相上亲又贷款买哩车，还贷款搁聊城买哩一套房，要是真现在订了，彩礼得给人家20来万，我上哪里弄去哎。等我缓上几个月呗，到时候我还是得上大城市里赚钱，就跟你这样跑个外卖也中。

说完他又嘱咐我，姐姐，这话你别跟俺妈说，我不愿意叫她知道。

我说，行，那你直播是以后不干了？

王冲说，现在俺莘县哩同学也有干着哩，就是我没钱入伙，只能是给人家打打下手，光给人家剪辑、拍摄视频，运营这块也是我干，我给你看看俺现在弄哩号。我接过王冲的手机，他把账号后台给我看，我点开看了一下，播放量并不是很高，每个差不多都在 2000 多个点击，所有视频的大意是通过玄学小故事来卖小饰品。

我叫他别搞这种，容易封号。他只是笑笑，没有说什么。

我说，你可以拍点农村素材的，你看咱附近张寨一群老头子，人家弄出来个大爷帮，在网上也挺火。他说，这个我早知道，咱弄不起来，演技不行，咱家里人都放不开。

我说，你要是想弄，可以叫恁二大娘配合你表演，应该能火。

对于我这种天真的想法，他没有批评，而是耐心地说，咱弄不起来，水太深。

我的高中同学

在家里这些天，我基本上是负责买菜做饭，其余的都没怎么插手，就帮着卸了一车的麦子，像浇地、种玉米都没帮着干，都是四姨夫在帮忙。这些天我还惦记着另外一件事，就是缓和大嫂和我娘的关系。我好几回都跟大嫂说我替你接孩子，大嫂也没好意思拒绝我。

有一天我去接侄子，碰到了我的高中同学孙迎。说是同学，其实没有在一个班里读过书，跟她认识是因为我们上下学是一路，经常一块同行，所以那会儿关系比较好。在村里待着的时候，我几乎天天都能见着她在帮她妈卖化肥，但我没走过去跟她打招呼。

我出去打工后的第三年，她就跟邻村一个家境好的男人结了婚，是我们同学里面结婚比较早的女生。当时我还挺意外的，没想到她大学一毕业就回来嫁人了，这让我感到可惜，觉得太小家子气。按我的设想，她完全可以去城市里当个护士，或是自己开个诊所之类的，闯出一片天地来，所以那会儿我对她早早嫁人这事有点看法。现在看来她的选择可能是个上策，极其明智，可以说，她是我待在农村的同学里过得最滋润的一个，总比我强，在北京折腾十几年还是一无所获。

　　我经常想，要是我不读这么多书就好了，也能安安分分过像她这样的农村生活，不会觉得没在大城市混过是个遗憾了。我在北京工作干不下去的时候，经常会想起她，很羡慕她在家里踏踏实实睡觉，吃好喝好。不过，像她那种安逸平淡的生活也只能想想，远远地羡慕一下，像我们家这种随时都在负债边缘的小门小户，即使找对象也只能是找那种条件平平的人，他们不是上工地，就是开大车，上工厂打工，结婚后还得两地分居。我对她的羡慕只停留在意识层面，并不会真的付诸行动。

　　那天，我扎在人堆里等侄子下学时，被人从后面拍了一下肩膀，我扭头一看是孙迎。孙迎是个大嗓门，性格外向活泼，她一看到我，激动地说，哎呀，没想到真是你，你咋这个时候回来了？

她笑呵呵的，好像从高中我认识她那会儿到现在，我就从未在她脸上看到过阴霾，不像别的待在农村的小媳妇，时不时会露出焦虑的神色，也许是优渥的家庭条件给她很足的底气吧。在我们那儿，孙迎家家境数一数二，家里房子好几套，开的卖化肥农药的门市也赚钱。我表妹说，他们家光卖化肥就赚了几百万，她哥哥跟她弟弟都是全款在济南买的房子，哪一套都是一百多万的。以前每逢过年过节，都是孙迎家给大家伙儿放烟花，一放就是一两个钟头，很是气派。高中的时候，我们就叫她"小富婆"，很多男同学喜欢捉弄她，但她从来不生气，大家都拿她当好朋友。

我问她，你这是接谁吧？

孙迎说，我接俺小儿。

我说，恁小儿都上小学啦，怪快嘞。

她说，可不。她扫了一眼我的肚子，神秘兮兮地问我说，你怀上了不？都结婚两三年了，啥时候生啊，该要孩子了。

我没想到她不知道我离婚了，大概没有同学跟她说过，就觉得也没必要当着这么多人的面跟她说我离异的事，敷衍道，着啥急啊，我还没玩够嘞。她说你抓紧生吧，再过两年就是高龄产妇了。

　　我不愿意跟她扯这个话题，就问她孩子上几年级、学习如何之类的。她说儿子上二年级了，学习不孬，想着等三年级了上莘县读私立小学去，到时候她也过去陪读。但是从心里讲她更待见在村里待着，上哪儿都是自己人，如果上了莘县去，出门谁也不认识，想想也是没意思。

　　我打趣她说，就你这种性格，上哪儿都能认识一帮子人，你看咱高中哩人都快叫你认识全了。

　　孙迎笑得很高兴，好像真的已经认识了一大帮人。我说，现在组织同学聚会都难哩不行，那些男同学年年都聚，咱女同学不中，都联系不上，就是联系上了也都得待家带孩子，没出来哩空。

　　我们聊着天时，就已经有班级按照顺序出来，接孩子的人也变多了，我和孙迎便分开了。接到我侄子，他闹着要买烧饼，我犟不过他，就领着他往商业街上走。骑车经过两三个山寨的奶茶店，还有手机店，路边也很多小吃摊。

走到烤串摊子时，我看到我的高中同学刘丽丽也在摆摊卖吃的。刘丽丽是我高一到高三的同学，当时我们学校快倒闭了，从高一到高三总共六个班，也就 200 多个人，所以那届的同学，不管是不是一个班的我都记得。刘丽丽在上学时就很要强，每次考试都是年级第一，她可能是想考出去，读大学，过上更好的人生，当时老师也对她寄予厚望，经常给她开小灶。我不知道她是高考没考好，还是家里条件不行供不起她读大学，就让她辍学直接嫁人了。

刘丽丽穿的衣服款式很旧，像是别人穿剩下不要的，她领着的三个孩子，身上的衣裳也都又破又脏，我怕她觉得不好意思，就转过了身背对着她，排队买烧饼。

下学时买烧饼的多，根本做不过来，我排了两分钟队看看没啥动静，就着急了，怕刘丽丽看见我，就跟侄子说，咱不吃烧饼了，给你买根烤肠吧。

我骑车离她几十米远的时候，才敢回头看她一眼。

我很好奇刘丽丽的生活如何，忍不住发微信问孙迎，刘丽丽嫁哩对象不行啊？我今天看见她了，穿哩又脏又破。过了好半天孙迎才回我说，我是听说她对象家穷哩不行，好像也有点残疾呗。

我不知道说啥好，只回了一个哦，没再说什么。

闲拉呱

　　在农村待着，感觉时间会变慢。在城市每天做的事情都是相似的，而在农村，觉得每一件事都不一样，可能是因为内心放松了，看很多事情都新鲜，不知不觉几天过去，地里的活儿也干得差不多了。

　　大多数收完庄稼耙完地的人，会在树荫底下坐着闲谈。谁家家门口干净，有大树，就会成为大伙儿的聚集地，吸引一堆一堆的人去坐着。像这种家庭的门口都有大敞篷、小马扎，小板凳会多准备些，预备给没事过来闲聊的人。有时，他们还会支张桌子，打打牌，喝喝水。人堆中以农村妇女和出不去的男劳力为主，中老年多，很少有小年轻参与其中，他们有他们的场子。我回去后，如果不是跟着我娘，也不会去。从19岁离开家去北京，每年回来待不到半个月，已经很难参与他们的话题。我娘倒是喜欢跟人一块坐着，即使白天再忙再累，她还是要去找人拉拉呱（注：闲聊天）。

我娘经常拉呱的根据地有两个，一个是丽家大门口，一个是春花婶子家门口，她们两家都是爱干净的人，哪里都拾掇得利利落落的，大家都爱去。相对于丽家门口，春花家门口的人更多，可能是因为她家靠近前街主干道，无论是谁都会停下来聊两句再走。再说，春花婶子也好客，大大咧咧的，大家喜欢跟她偎一堆说话。

和我娘一起坐在春花婶子家门口时，我像是她们生活的旁观者。当然，在闲聊时她们也是旁观者，几乎不讲自己的事情，专讲别人的、村里的事。

地种完了，可话题还是以种地为主。春花婶子边用麦秸编着辫子，边问我娘，二嫂子，恁家喷猪粪不？我娘说，不愿意喷。春花婶子说，喷喷呗，人家都喷了。我问我娘，啥叫喷猪粪？我娘给我解释，就是猪场里猪拉的屎尿，还有掺杂着消毒水的粪水，喷了也能壮地。

我问我娘，我们以前喷过猪粪不？

我娘说，喷过，但是这种粪水含碱，一年最多喷一回，喷得多了庄稼就长不起来。

我很疑惑，他们既然知道粪水有毒，为何还要这么做。琢磨好几天，我才想明白这或许是一种从众心理，当然也不只是从众，喷了猪粪在某种意义上也相当于省了化肥钱。2024年，粮食的价格跌幅非常显著，尤其是玉米，往年都不低于1块钱，如今一斤才8毛钱。按照亩产1300斤算，一亩地才赚1000多块钱，刨开一两百块的肥料、农药钱，浇地用的电费，收割、耕种、种子等费用，净利润多说也就700来块钱，而这还是好几个月的收成。一茬麦子从秋天10月份种下，到6月才能卖出去，要赶上价格不合适，有的人家会囤积起来等价格涨上去再卖，这一等就不知道是什么时候了。像有的种地少、请人浇地撒化肥的人家，更是赚不了多少钱。这就从侧面解释了为什么大家要离开农村，去往自己从来没有去过的地方，干自己从来没有干过的工作。要是一家子强留在村里，不单吃喝难以保障，但凡有点头疼脑热，一年到头的收成就打了水漂。农村根本就留不住他们。

在人堆里坐着时，大家都感叹钱难挣、地难种，再这样下去干脆直接打工得了。农村人，好像被什么东西束缚住了，往哪里走都是死胡同。

收完庄稼的强叔就想着过两天就走。我娘问他，强，你出去干啥活儿吧？强叔说，咱这样哩能干啥，只能上工地，现在家里也没活儿，泥水班都停了。我娘说，就是，俺四妹妹家今年都没咋干活儿，我那天去她家，正好赶上吃饺子，俺四妹妹说，大姐姐，你来哩怪巧嘞，你知道不，俺已经半年多没吃过肉了，小现今年都没出去干过活儿，你今天来了说啥得待俺家吃一顿。俺外甥女也拉我，我那天待她家吃哩饭。

我知道四姨家困难，但半年没吃上肉这事还是让我挺震惊。我说，她这么困难啊，我以后得买点肉看看她去。

我娘怕我花钱，就拦着我说她低保快下来了，叫我不用操心她。

坐在那里的春花婶、秀兰婶、二奶奶都夸我孝顺、善良，整得我挺不好意思的。得亏这时强叔转移话题，继续诉说这两年外面活儿难干，都没给他工钱，工地又受罪，天天清水炖白菜，吃得人都干哕，就这样也得出去，出去要不回钱也没事。坐在角落里抽旱烟的四叔叫他干清洁工，钱好结。

说到出去打工，春花婶问我，你现在在外面干啥活儿嘞？

我不想撒谎，直接说，我跑外卖嘞，婶子。

所有人听说我跑外卖有点不相信，都朝我看过来。秀兰婶问我，你不是给人家写东西啊？

我娘怕我解释不清，抢先说，她眼睛不大好，不愿意天天对着电脑写东西了，跑外卖也不孬，能天天走走跑跑哩，权当锻炼身体了。

大家表情复杂，打着哈哈说，就是，就是。春花婶问我，你这一个月能赚多少诶？

我没直接回答，说，要是会干哩一个月赚两三万块钱哩都有，不会干哩顶多五六千。赚两三万的人其实很少，一千个里头能有一两个，我这么说也是想叫人家不低看了这个行业。

春花婶追问，那你嘞？

我只好说，现在差不多 8000 来块钱。

听这么说，有的也想一块干，问我行不行。我不敢给人家打包票，就说，想干也中，就是能赚多少我不知道，跑外卖不是说光跑就中，还得计算时间、路线，门道多哩很。

秀兰婶子说，干这活儿不是长法，该找婆子家都找婆子家。

我娘说，明天给介绍一个，谁知道人家能相中了不。

大家七嘴八舌地开始打听男方家的情况，我娘不愿意说这么详细，打着哈哈说，时候不早了，俺得回家嘞。

回去的路上，我问我娘，是真给我介绍对象还是诓人家嘞。我娘说，恁二姑明天来，说给你介绍个对象，听说条件不孬。

我恍然大悟，说，你叫我回来这一趟就是让我相亲哩，早知道我不回来了，你这是非得叫我守着你才中嘞。

她说，那也得看你自己愿意不愿意，我又当不了你的家。

相亲

第二天，二姑带着一个男孩子过来了，看起来得有 300 斤，身高却不足一米七，我不喜欢，但也不好意思说。

二姑从小跟我们家就亲近，当年她考上中专想去学设计的时候，我奶奶没钱给她交学费，还是我娘做主从我家给她出的钱，把她送出了农村。从我离婚后二姑就给我介绍过不少对象，家里人怕我不愿意回来，介绍的头几个对象都在北京，说实话我根本不想看，更不愿意加联系方式，像我这个年纪，家里介绍的对象没几个正常的。

在农村，年轻点的不到 20 岁就结婚，稍大的 25 岁左右也有了家室，似乎 25 岁是个分水岭，一旦过了这个年龄再找对象就比较难了。剩下来的不是条件差，就是自身条件好特挑剔的，再不就是因为各种原因离婚的，这三种人群混在一起，彼此很难看上。像家里人给我介绍的对象，净些个歪瓜裂枣，或许即便他们认识条件好的也不会介绍给我，骨子里还是觉得我不行，认为一个二婚女，工作也不好，长得也不出挑，压根就配不上优质男性。

在北京，我线上相的头一个男的，比我大一岁，是个电工，长得高高胖胖的，已经结过三次婚了。他头一个老婆跟第二个老婆都死了，就第三个活得好好的。我问他，怎么前面俩媳妇都死了？

他给我说，头一个老婆是生孩子生死的。

我跟他说，那你应该是挺难过的。

他可能被问了太多次这个问题，显得很漠然，一副事不关己的态度。他跟我讲，头一个媳妇光想去大城市里生，他当时赚的钱少没舍得叫她去，结果生的孩子太大，难产死了。娶的第二个媳妇有抑郁症，他最开始以为她是想得多，人家无心的话她也往心里去，见天跟他还有他娘吵架，等后来知道那是抑郁症已经晚了，她都自杀了。

他说话时并不抬头看我，好像那些话是讲给他自己听的，自顾自地又说，这仨媳妇里面就第三个正常点，还狗日哩跟人家跑了，白糟蹋我十几万块钱。他讲完自己的事情又问我为啥离婚，我不愿意跟他讲太多，就故意把要求提高了。我说，我一个月8000多块钱，并不高，这点钱在农村养家糊口都难，现在哩农村物价比北京低不到哪里去。

他听见后很有信心的样子说，那我的工作不孬，比较稳定，一个月也能拿8000多嘞，还管吃管住，俺老家也有房子，就是没车，你要愿意就谈谈，不愿意就散伙。

他结束这句话时，刚好肉剁完，他将整盆带着血的生肉举到镜头前给我看，问我想不想吃。我皱了皱眉头，摇摇头说，我不是很喜欢吃肉。尤其是看到他带着血的手时，我只想让他赶紧把肉挪出镜头。我假装关心地问他，你就干吃肉？他又将一盆土豆举给我看说，还有这个，有机会做给你吃。

我怕他还给我看他怎么炖肉、吃肉的，借口有事挂断了视频。第二天，第三天他又给我发消息，我就直接跟他表明了不合适。

我娘打电话问我，跟那个男的聊得咋样？我说，他克妻，都死了俩媳妇了，我觉得不行。我娘也怕他真的克女人，就同意我跟他断了。

这次回来，没想到二姑还是没死心，又给我介绍了两个相亲对象，一个就是眼前这个，另外一个安排在明天。二姑介绍站她身边的男孩说，他是个兽医，在观城有两个门市，是个独生子，以后恁要是结婚喽，他们家里钱都是你哩，多好哩人家哎。接着二姑就让我们去聊聊，我不愿意摆二姑难看，随便说了两句，微信也没加就跟二姑说，聊完了。

二姑问，留个联系方式了不，该留都留。

那个男孩听二姑这么说，就要扫我，我不情不愿地叫他扫上后，扭头就删了他。相不中他，倒也不完全因为长相，这不算大头，大头的问题在于我们聊不到一堆，我从根本上讲还是愿意找个能精神共鸣的。

男孩走了，我把我的想法跟我娘一说，她就急了，像以前很多次相亲失败后那样，臭骂了我一通。她非常不理解什么叫精神共鸣，觉得很可笑，在观城她从来就没有见过这种夫妻，他们两口子更不是。她说，合天底下能跟你聊一堆哩，没有那个人，你说你天天看恁多书干啥，过日子又不是参加辩论赛，人好就行呗，你学历又不高，想找大学生也得有那个人愿意要你哎。

这话有点戳我的心窝，心里又难过又生气。我跟她说，你能不能把我当成个人，我又不是机器，刚离了婚就能立马再找对象，我也得缓缓啊，我现在对男的、对婚姻特别失望。网上有个很火哩问题，我也问问你，你觉得婚姻给你带来啥了？

我娘想也没想就说，那不是恁几个呀。

我说，我说哩是给你自己带来啥了？

我娘想了半天，说，我想不起来。

我说，你结婚以后天天都是忙孩子，等恁儿结婚了，又给他们招呼着看孩子，都没为自己活过一天，你都不想给自己活活啊？

我娘情绪没刚开始那么激烈了，语气缓和了很多，说，我没想过这事儿，人家都是这么过来哩，人家都没说啥。

我说，你又不是活给人家看哩，我也不是活给人家看哩，我不能因为叫恁高兴就去结婚。小时候，恁俩老是打架给我哩创伤太深，我到现在都不知道咋跟男哩相处，之前找哩那个又是那样，我需要调整自己心态，要不再结婚还是天天打架。你说那样哩婚姻我都经历过了，你肯定也不想再叫我经历一回。我这身体又差，眼还成这样了，说实话，我老是担心哪天眼看不见喽，人家不要我，那样更惨。我现在在咱家待着，咱家里人对我都不好。我刚离婚那一年，你还记哩不，头一个国庆咱一大家子待俺大嫂子家吃饭，她小儿夹凉菜哩时候，我说他小儿，你别吃这么多凉菜，吃多了咳嗽。俺嫂子甩着个脸子跟我说，他是你说哩人不？这个家有你说话哩份啊。我以为她开玩笑，我说，这里啥时候都是我家。她说，这里不是你家，你没家。我说，这里不是我家，南边那边是。她说，南边是恁二哥哩，恁娘都跟恁二嫂子签字画押了。说到这里，我不愿意多讲别的，怕娘听了难受，就说，以后别给我介绍这么多对象，我不愿意相。

我娘说，那明天还有个小孩来嘞，你还想见不？

我说，不见了。

去地里帮忙

　　走到村口的桥上往下看，河水又臭又绿，那是从附近的猪场排出来的。同样臭的还有漫天雾蒙蒙的喷在空中的猪场粪水，那粪水飘在空中时，还会出现彩虹，但我没顾上给彩虹拍照，因为实在是太臭，捂上鼻子就往前跑了几步。

　　跑到沟沿，看到四爷在放羊，一大群绵羊浩浩荡荡从河沿边经过，调皮点的羊还会在河边蹦蹦跳跳，好几回我都担心它们掉到沟里，但每次它们都能恰到好处地落到地面上。四爷看到我，问我啥时候回来的。我发现四爷明显比前两年老了很多，头发也白了，以前我老觉得他挺年轻，认真观察他一下，好像他就是在我回老家前一天突然老的。我说，刚回来，四爷，我去地里找俺娘。他挥了一下手，往我们南边地块指了指说，恁娘在南边地里，你去吧。

地里的庄稼一收割，土就很大，稍微起点风，就会刮得哪里都是，我从风窝子里穿过去后，再低头看鞋上、裤子上，都是土，黄黄的一层。我娘在地里拾麦头，看我走过来，责备我不该上地里来，弄得一身土。我说，专门回家来不就是给你干活儿呀，我捡吧，你歇会儿。

我娘就上地头去和美珍婶子聊天。

美珍婶子命不好，老公喝多了就揍她，经常是捞到什么就拿什么家伙儿动手。我听我娘说到过一件怪事，欢欢妈死后没几天，美珍婶子走着走着路一下子晕倒了，等醒过来回到家里时，她丈夫二华子当时又喝醉了，看她回来很晚就要揍她，她妮儿在边上看着他俩闹腾，只看了一眼，就扭过身去玩手机了。她的儿子强强看见他爸爸揍他妈，不说上前帮帮她，还待边上添油加醋，说谁叫她回去这么晚，整哩俺饭也吃不上。二华子听这更上脸了，对她又踹又扇脸。美珍婶子一反常态，直接上厨屋里拿出把菜刀，一刀剁到铁门上，火星子都冒出来了。二华子怕她真砍他，吓哩溜了，她俩孩子以为她就是吓唬吓唬人，根本没当回事，她妮儿还一脸嫌弃，她直接把她妮儿头摁到沙发扶手上，一刀下去把她的长头发剁下来了，她闺女这才知道害怕，俩都跑了。第二天人家问她咋着了，她说她也不知道。我娘说，人家都说这是被欢欢妈上身了。

我也啧啧称奇，心想，那未必是上身，没准是她无意识中的一次反抗呢。在农村，她这种被家暴的情况并不少见。某种程度上，她的婚姻跟我父母的有点类似，一言不合就会吵嚷进而打起来，但我父母之间虽然也有激烈口角和推推搡搡，真正打架的次数远比他们少，我娘也不会像美珍那样，动不动就给打骨折。我们兄妹仨在场时，基本都站我娘这边。成年后我经常劝我娘离婚，可她觉得岁数那么大了再去离婚，很丢人。

这次回来，再见美珍婶子，她看起来老了不少，比我娘还年轻的人头发都快白了，脖子上还有一块淤青，她想戴丝巾遮挡住，可还是露出来一个角。

美珍婶子看到我上地里给我娘帮忙，很羡慕地说，看恁妮儿多好，还知道给你干活儿嘞，俺家没一个人帮我。

她一说这话，我就知道她又要开始讲她的经历了，尽管我已经听了很多遍，还是不能表现出不想听的意思。在农村就是这样，大家天天讲的事情都差不多，但自己不觉得，每天见面还是谈那些东西，有的事可能好几年前就谈过，再想起来还能说半天。

美珍婶子絮叨着她如何被儿子、老公打，日子过得多么艰难。

我娘很可怜她，为了让她好受点，她安慰美珍说，恁家又不是天天打架还好点，我过哩不抵你，恁二叔天天喝酒，喝多了就骂人，也是特别气人。

美珍婶子说，恁比俺强，有个小棉袄。

我不愿意在她面前表现出母慈子孝，故意露出不关心我娘的样子说，叫你直接把麦子卖咯，你不舍哩，怕少卖那一分两分钱，都待见受罪，谁也没法咋着你。说着我从她们身边走开，上地里捡麦头。

离她们远了，就听不清她们说什么了。再说我也不想听，她们聊的无非赚不了钱的麦子，涨价的化肥、种子、收割钱，晚上飘到村里的猪粪混杂消毒水的臭味，谁去村里的猪场上班了，谁又从里面走了，谁家老人生毛病了之类的话，都是些不愿意跟男人们谈论的话题。就在她们聊到兴头上时，我爸从远处过来，没带着好脸地说，都几点了，还不回家做饭去，光知道跟人家瞎叨叨啥。

我娘也不愿意当着外人的面叫他下不来台，开玩笑地说，你给我做个饭不中啊。

他瓮声瓮气地说，我凭啥给你做饭，你吃个屌钱不吃散（注：爱吃不吃）。

说罢，扭头骑着电动车子走了。我娘看他走了说，恁二哥这两年喝酒喝傻了。美珍把锄头扛到肩膀说，走吧，二嫂子，该回家了。

读了很多书的表姐

听说我从北京回来，表姐给我打了好几个电话，叫我上她家找她玩去，其实我也挺想见她的，在观城，能跟我一块说上话的除了我娘就是她，就是她不喊我，每回回家我也愿意去找她。

表姐喜欢读书，和她能聊得来，不会涉及太多七七八八的村里琐碎事。小时候我最喜欢去的地方就是她家，因为她家里有整整两个书架的书，像《野草》《彷徨》《边城》《骆驼祥子》这些书都是在她家看的。那时候姨父在工厂里做领导，也有能力给姐姐提供很好的基础，所以她在 10 多岁就读了很多书，这在我们农村还是比较罕见的，那会儿我们镇上总共就一个新华书店，还只卖辅导书。

读了很多书外加天资聪颖的表姐，本来是可以上县重点高中的，但是二姨有自己的打算，她想着二姨父在国营工厂当领导，挣钱也多，以后要是把姐姐送到姨父那里上班，肯定混得不赖，只不过谁都不会长前后眼，根本想不到国企也会倒闭，要是她当时知道以后会这样，估计也不让表姐去上职工学校了。

去上职工学校，是我表姐人生的第一个转折点。人一辈子的命运，好像就是由一些小事决定的。如果表姐不是按照二姨的意思走路的话，应该是个富贵的命，按照算卦的说，她八字不孬，要是不读那个职工学校，后面能出国留学。

我曾经问过表姐记恨过二姨没有，她说，恁二姨忒自我了，不像俺大姨（我娘）这么温柔，俺娘是啥都当家，我也习惯了，根本都没想过反抗。也有我性格方面的原因，那时候我让你教我写作也是，都是光想想，我在脑子里已经构思出来一大段话了，但是等想完以后，就懒得写出来了。要是我性格强点也结不了婚。从表姐的口中我听到的是无能为力，软弱加妥协，这可能是她在自我疗愈，也可能是在自我说服。

从职工学校毕业后，表姐就直接去了那个厂子，一口气干了十年，直到 2012 年厂子倒闭才离开。如果她中间去别的地方闯一闯，或者自考个证书，我相信她能找到一份不错的工作。以前我叫她考证，她都没考。我一直以为她懒得考，后来才知道，是因为她没有读过高中，高等函数根本看不懂，也没那个心劲儿学，精力分散，跟不上，就干脆听之任之，直接下岗回了家里。之后就被我二姨关家里了，跟软禁差不多，让她相亲，只要婚姻的事定不下来就不让她出去打工。稀里糊涂之下她就订了婚。

她和我说到这件事的时候自己笑了，说，我跟他订婚那天其实是想上北京，恁二姨拉住我哩箱子不让我走，弄哩我心烦哩不行，刚好他给我打电话，约我一块上街上逛逛，我想着待家里也没事就去了，那才是俺俩见第二面，一点也不熟，坐他摩托车哩时候，我都不好意思哩。

但好像这也是一种天意，常年在外面工厂干活的表姐，根本不知道我们那边的习俗——只要是同意和男孩出去，就相当于确认关系了。她跟我说过，订婚那天，她把微信名字从"开到荼蘼"改成了"小马过河"，好像是一种告别，又好像是下定了某种决心。

等订完婚，二姨才同意表姐出去打工。表姐给我打电话说要我给她介绍工作，我那年正在一个投资公司的内部食堂做服务员，工作倒是不复杂，主要是给员工打饭、收桌子、拖地、刷碗、洗餐盘。如果不是十几个人住在同一个宿舍，让人睡不好的话，那它对当时的我而言就是个完美的工作。我每天早晨 6 点上班，下午 3 点半就能下班，还有时间坐 5 站地去西单图书大厦看看书，等她来了我们还能做个伴，只不过她一次也没陪我去过。我将工作的大致内容和薪资、上班时长等介绍给表姐，她也很满意，再三催促我找主管问问是否招人。我将表姐的年龄和大致情况跟主管说了一下，主管说，直接叫她来吧。

就这么着，28 岁的表姐来到了北京。我接她去办理入职手续、健康证，帮她拎着箱子去宿舍，心里高兴得很。她不仅关心我，还能跟我谈文学，最重要的是，她是头一个发现我身体细节美的人。

有一天，在和表姐一块备餐时，她突然举起我的手来欣赏着，说，我发现你手指细长细长哩，怪好看嘞。

从小到大都没被人夸手好看的我，有点受宠若惊，我说，一点也不好看，皱巴巴哩，又大，像男人哩手。

上学的时候，我因为骨骼比别人宽，长得胖，声音浑厚，像个男的，没少遭男同学嘲笑和欺负，让我对自己的长相很自卑。我在观察自己时，最先看见也最讨厌的就是我的手，因为它太宽，血管凸起得很高，不像别的女孩子的手那样纤小柔软。当表姐夸我时，我才发现自己可以从审美的角度审视自己的手，它褶皱发黄的皮肤好像也不是很差，骨骼又分明，且指节修长，好像确实不错。

表姐拿着我的手翻来覆去地欣赏着，抚摸着我凸起的血管，每一段关节，然后看我的手心，指纹，很真诚地说，好看，要我的手长这样就好了，恁二姨经常说我哩手不好看，像鸡爪子。

我说，我觉得你哩手很好看，又细又软。

在这之后的几个月里，表姐经常会突然夸我下巴棱角分明，鼻子挺拔，唇形好，锁骨好看，臀形也好。有时候我写的诗歌表姐也会拿出来夸赞，我叫她也写，她说她不爱写这些，只是喜欢看。表姐还叫我从图书馆借一些小说给她看，我当时看文学、艺术理论类的书籍比较多，就建议她也读一些有关写作类的书，她拒绝了，懒得下那个功夫，我就没再管她。

不过表姐之后也没怎么纠缠我帮她借书，大概是因为跟表姐夫聊熟了吧，平时下了班她总是跟表姐夫打电话，我那时才知道她订婚了，这让我很难过，也很沮丧，好像我就是她，在父母的威逼利诱下选择了妥协，回农村结了婚生了子，然后等着老死在那里。为了不让她嫁人，那段时间我使尽了浑身解数，经常借故让表姐帮我做点我自己本来就能做的事情，或者让她陪我出去吃饭、逛街。表姐不好意思挂断跟表姐夫的电话，经常一聊就是半天，结果感情越聊越好，最终表姐去到了表姐夫的城市里，跟他一块合租了。

表姐结婚后的几年，表姐夫常年在外，早些年还没孩子时，表姐还跟着他一块去工厂打工，他们开过大卡车跑长途，也没赚住钱，等俩孩子出生了，表姐只能在家里待着了。

　　她结婚后，我去过她家一次，屋子很破，地面都没铺水泥，院墙也像是胡乱垒起来的。我没直接问表姐为什么找这样的对象，只是问她，你跟姐夫咋样哎？表姐跟我讲他这个人很好，能听她说话，也很尊重她的意见，这点她很知足，再说她也不太在意这些物质上的东西，所以不觉得自己的日子过得清苦。她可能有点浪漫主义吧，因此后来也吃了不少物质上的苦头。我问我娘，为啥二姨给她选这样的对象，你没说过她呀。我娘说，人家哩事咱掺和着了呀，恁二姨觉得他人老实，离得又近。我说，光图离家近，管啥用诶，这一辈子多受罪。可能二姨心里也有悔吧，有时候，二姨夜里突然担心起表姐时，会跟二姨父打着手电去看表姐，帮她照看一下孩子，或者说仅仅去看一眼，就再回去。

　　这些年我因为在外面，没怎么跟表姐联系，都是她主动找我。回家以前，表姐发消息问我，有没有心理学、治愈系的书，她需要被治愈，我问她发生什么了，她没跟我讲，说是不愿意像剥洋葱那样一层层剥给人看。她不说我也知道她大概有什么烦恼，便给她带了几本书——《我的阿勒泰》《亲密关系：通往灵魂的桥梁》《亲密关系手册》《一个人的村庄》。我往兜里装书时，我娘就笑说，恁姐姐啥也不好，都好看书，恁俩真是一号人。其实我娘年轻时候也很喜欢读书，每次我看了比较有意思的故事都会讲给她听，她也很乐意听。

我说，人家写哩不孬，我给你读读。

我给我娘随便读了两句刘亮程的散文，我娘说，确实不孬。

到了表姐家，她帮我们把电三轮推院子里，又给招呼着充上电。我待院子里看到她将院子弄得平整又洁净，在大片空地上种了很多花、很多菜，菜和花的边上挂着她和儿子、女儿的衣服。我说，姐姐，你这院子整哩不孬嘞。

她说，是不是挺有田园气息？我连连称是。

表姐怪我们带的东西多，让我们拿回去给我侄子侄女吃点，我娘跟她撕扯半天才将东西全部放下来。我观察着院子和房子，发现房子翻盖了，无论是内部还是外部看起来比以前要档次高些。上次来她家，屋子都还是红砖房，也没装修，这次来，看她屋子像那么回事，我心里宽慰很多。

我把兜里装的书拿出来给表姐看，表姐接过去，很是小心。在表姐准备翻翻书时，她闺女、儿子缠着她要喝牛奶，她只得给俩孩子拿了牛奶喝。安顿好孩子，我闲扯着问表姐，你自己带孩子是不是怪累哩。

我娘抢着替她说，可不，恁姐姐婆子光管恁姐夫哥哥家孩子，从来不给恁姐姐搭把手，一个人照顾俩孩子不容易。

表姐笑笑，也没说什么。

我想起回老家以前，表姐跟我说有些郁闷，就问她怎么了。她说，需要被治愈哩事儿挺多，像俺小儿700度近视就叫我挺发愁，啥法都使了，还是不管用。还有，看见我以前同学都考上大学了，在外头混哩都挺好，过哩都是我向往哩生活，有时候想起来心里也不得劲儿，以前俺同学聚会，我还参加一下嘞，这两年我都不参加了，人家聊哩都是上哪里哪里旅游了，买啥名牌了，咱啥都没有过，说不到一堆了。

我说，不见面也挺好。你想过再去大城市不？

表姐说，去大城市待待这个属于有心无力了，毕竟有孩子，我是真心不舍得他俩当留守儿童，等我出去也得个七八年以后了，我想那个年龄除了照顾家里好像没有什么可以做哩。之前我说娃大了我想去做护工，工资高，他们说那个累不说，还会有老流氓，我还想当月嫂，可是我做菜技术不稳定，就比较难了。

表姐说这话时，我深有同感，好像我们无论待在哪里，都没有能活得体面的手艺。我很关心表姐在农村是不是能跟农村小媳妇聊到一块，会不会觉得无聊，毕竟她读了那么多的书，曾经也开过眼界。表姐说，不会无聊，我也有多面性，八卦也是一种乐趣，你会发现，哦，原来有人会这么看问题，也能发现人哩多样性，除了聊思想，也得聊一点生活哩鸡零狗碎，要不总觉得太缥缈，不现实。

我说，那确实是。

晚上到家，表姐给我发消息说，恁姐夫看我拿回来这么多书，问我是哪儿弄的，我说是你给的，他说不该叫你花钱买这么多书，叫我给你钱，我跟他说，这是你朋友给的书，他还挺惊诧的，觉得你厉害。

我跟表姐说，姐姐你以后可以写点东西，我帮你推到杂志、出版社之类的地方，也能赚点稿费。说这话时，其实我自己也没底，内心很迷茫，我自己都没发过几篇东西，但这么说也能给她带来一点别的希望吧。

我娘给了我一笔"巨款"

刚到胡同口，就听见我娘跟我爸吵架的声音，还夹杂着我娘的哭声，我就知道坏事了，到门口车都没来得及放好就往里跑，一只脚的鞋带被另外一只脚踩掉了都顾不得。到屋里一看，我娘坐在地上，我心里的火更大了，问娘，你俩这次是为啥？

原来是春花婶子喊我娘出去薅草，一天给50块钱，我娘动了心，我爸知道后发了很大的脾气。

一九八几年，我爸从部队里退役回来，当了几年镇上的文化站站长。等这个岗位被撤销后他就当选了村支书，那会儿他也才30露头，村里人非常服气他，这一干又是好几年。如果不是2003年他被我亲二爷爷的两个儿子整了，他大概会当一辈子村支书。那年他们诬陷我爸贪污，几乎是在一夜之间，堂大爷、堂二叔往我们村里每一户人家的门里塞了传单，上面写着我爸欺男霸女、贪污受贿、横行乡里之类的话，原先过往密切的邻里也不搭理我们了。我爸不服气，叫来镇上的工作组调查，还他清白，查了一个多月，我们家不仅没有欠大队的钱，还倒贴了不少。这事以后，哪怕是第二年选举他还是获得了最高票，我爸也没有再去当干部，说是被那些亲戚整伤心了。从那以后他变得多疑敏感起来，总觉得别人看不起他，好多次我爸跟我娘说，我走到街上，人家老是斜着眼看我。我娘说，你那是心理作用，俺咋不觉得人家斜着眼看人呐，现在谁顾谁呐。

　　以前我爸老是说，我姥姥一家都是靠他这个村支书罩着，所以在我娘跟前总是一副高高在上的样子。这两年随着他身体逐渐虚弱，以前让他引以为傲的健壮体魄和荣誉都消失了，他失去了在我娘跟前的优越感，每次我娘只要一出去干活儿，回来我爸就跟她闹，大概是我娘能自力更生后，让他有了被遗弃的恐惧，又或者怕她自己有钱了，会像他对我娘那样趾高气扬吧，或者觉得她伤了自己作为一家之主的自尊吧。

我娘抹着眼泪说，我这一辈子过哩一点不自在，你知道不，我光想把啥都扔家里，谁那里也不去，自己出去待待。

　　的确，家里的琐碎事消耗她太多能量了。

　　一天到晚，我娘基本上没闲着的时候。一大早就得送侄子上学，回来收拾家里，弄弄地里的草什么的，一天差不多就过去了，到家还得给我爸做饭。叫我说我爸是让我娘惯坏了，只要我娘不给他做饭，他宁肯饿着肚子也不会去主动做个饭，就等着别人伺候，我娘相当于带着一群孩子过日子。

　　我跟她说，明天你跟我上北京吧。

　　她不愿意。

　　早些年，她是放心不下她爹娘，接着是家里的小鸡、小鹅，还有地里的庄稼，然后是我哥哥的孩子。她担心的事物，并不会随着时间的流逝变少，反而变得越来越多，日子剩得越少，她想得越多。

　　从前我老是试图把自己的想法灌输到她的脑子里，希望她能够跳脱出自己过往的生活重新开始，但试过几次之后，我发现我娘还是那个样子。那时我才明白，我娘是不能改变的，她一旦变了，一切都变了，她只能待在那里，只有待在那里一切才会稳定下来。

农村妇女的安于现状，其实是这个社会叫她们安于现状，至少我在我娘身上看到的是这样。她不是不想脱离自己的家庭，去过一种属于自己的生活，只不过只要她冒出想改变点什么的姿态，就会被世俗的眼光紧紧拖拽回旧有的伦理观里去，使她动弹不得。但好在，她并没有将我拖拽进去，而是试图将我推出她的生活，推出农村，让我去往更好的世界。

我娘说，以前，我光催你结婚，有个孩子我就放心了，你跟我聊了几回，我觉得不管你也不孬，权当是替我活哩自由自在点。她从铺盖底下拿了200块钱，说，妮儿，这是我给人家干零活儿挣哩，都给你。我娘说话时一脸骄傲。

从我记事起，我娘就几乎没有在外面干过活儿，给人家打的最长的一次工，还是在我2008年中考后的两个月。

2007年中考时，我娘非要我上技校学个护理的工作。在我的印象中，学护理后就得给别人扎针，还得每天端屎端尿，这跟我想成一个作家的理想相去太远，就没去。照她的意思是，按照我这个成绩，上了三年高中也考不上大学，考不上大学读高中就浪费钱，后面就不让我继续读书。可以说，那是我人生中非常灰暗的时刻，为了和我娘表明我要读书的态度，我就把我的书桌搬到堂屋门口，坐在那里天天看书。

我娘怕我读书读傻了，就将我送到莘县国棉厂，我大爷、大娘就是从那里退休的。我娘骑着三轮把我送到去莘县的车上。下了车是我大娘接的我，她没叫我进家，直接安排我去了工厂宿舍里。宿舍里一共有仨女孩，我下铺的女孩看我们进来，很冷漠，嫌弃地躲得远远地说，怎么一股臭脚丫子味。我大娘说，她一家子都臭脚丫子。我假装没听见，铺好被褥，就躺在床上蒙着头假装睡着。另外两个女孩回来时，下铺女孩说，她的臭鞋臭死了，踢一边子去。我头回出门不敢反抗更不敢作声。我心里委屈地想，俺娘刚给我买的新鞋、新袜子，怎么可能臭。大约到晚上 12 点时，有人喊我去车间干活儿，我才起来。我被叫到一个办公室里学习如何分线头，如何再捻到一块，说是教我，实际上她只给我简单演示了一遍，给我和另外两个女孩一人一根棉线头就走了。鼓捣那个东西很没意思，我最后干脆就把线扔到了一边，趴在那里等着天亮。

好容易熬到第二天早上，有个人通知我可以下班了，我才从厂子里头出去。出了厂，我根本不晓得去哪里，晃悠到我大娘家小卖铺门口，想着她们看见我叫我进去吃饭，可我晃悠几次她都没喊我，只好在她家旁边的白吉馍摊子上买了个干馍馍，那馍又冷又硬，不好吃。

那天我走遍了厂子附近的大街小道，还围着河转了一大圈，好不容易才熬到上夜班的点。头一天，师傅教了我一晚上我也没学会，真正上手时还是有点害怕，咋也弄不好，那个女师傅就对我有点意见了，觉得我不是很适合那个工作。其实我也不想干了，里面噪声很大，好像几百辆坦克同时从我耳边开过，让我的耳朵很难受，就给我娘打电话叫她接我回去。

我们见面一句话没说，她给我将新做的被褥装到车上后，我便翻到车斗里坐着。天冷得很，我新鞋里被汗浸湿的袜子冰凉凉的，跟光脚丫子差不多。到了家里，我直接爬到炕上的被窝里，暖好半天才暖过来。

休学的一年我娘没再叫我出去干活儿，她自己也没干。等到我辍学的第二年，村里一个亲戚知道我辍学了，就找我爸我娘，说孩子得读书，我爸倒是挺想让我继续学的，那时候其实我娘心里也松动了，就默许了我爸去张罗着找人，弄学籍，我才又参加了中考。那个暑假，我娘带着我去附近村里找了第二份活儿，为的是把开学要用的学费给赚出来。我们每天的主要工作是给棉花授粉，一个月给300块钱，从早晨6点干到晚上天黑，因为是夏天，天也长，很难黑下来，哪一天的工作时长都不低于14个钟头。夏天露水大，跟下雨一样的，早晨去地里干活儿，身上披着塑料布也不管用，在里面趄一圈浑身都滴水，很难受。但即使湿透了也不用换，等太阳出来，我们回去吃早饭时，骑车那一段路上就干了。

　　我跟我娘干了俩月，两人一共挣了1200块钱。那是我娘干的头一份工，也是我的头一份。再往后几年我娘也没出去干过活儿。附近有个鸭子厂，一个月1200块钱，杀鸭子，给鸭子褪毛，我娘很想去，到最后没去成，她要是去厂子里上班，地里的活儿就干不了，孩子也照顾不成。

这两年我嫂子的孩子也大了，不怎么要照看了，她才有时间给人家干点活儿，比如薅草、种葱、种蒜、摘辣椒之类很辛苦的工作。每次我都吵她不叫她去干，她只是笑着不说话，等我说了半天了，她才笑眯眯地说一句，俺一天能赚 80 嘞，比闲着强。我娘总是想趁着变老以前做点什么，而完全忘了自己的年纪，结果，每次干完都是落得一身疲惫，不是这里疼就是那里疼。

她将她赚的钱给我时，我心里不是滋味。我笑说，我钱多哩是，你这点钱不够塞牙缝的嘞。

我娘执意要给我，她说，咱这个家最对不起哩是你，没让你上大学，十来岁就上外面打工，花你钱不少，这钱少也是恁娘哩一片心意。

我死活不要，她到底还是揣我兜里了，说，你当路费吧。

我一大早起来时，又将那钱偷偷放我娘兜里了，我娘不知道，我也一直没给她说。

大概过了几个月，我娘给我打电话说，我给你说个稀罕事，真是菩萨保佑了。我问咋了，她跟我讲，恁萌萌哥添了一个小儿，说过满月，叫老家人都过去热闹热闹，我一听这就发愁，钱都存成死期，我不愿意取，没承想今天早上我一翻兜里，突然蹦出来 200 块钱，是上次我给你，你又塞回来了不？我没承认，说那是菩萨保佑你。她说，挡不住。

割完麦子后，田埂被收割机轧平了，为了防止后面浇地时，别的垄的水跑出来，我娘得挨个把土埂重新堆起来，封好

等了好多天，终于轮到我们家播种玉米了

农村老家，鲜有青壮年男女出没的村庄

观城镇中心小学放学时，很多接孩子回家的人等在门口

返京后第一件事，先检查车，好在没出什么故障。好多天不跑单，心中不安

大哥在七里渠租住的房子

送餐时，我经常在别墅区、普通小区、工地以及这种住宿条件极差的城中村之间穿梭

在大哥住的村里，我看到了两只草鸡，它们让我感到莫名亲切，好像看到了我娘养的鸡

偶然间看到的一群羊，没想到北京还能这样放羊

每天出门，我都会碰到这只小猫，有时我会给它些剩饭和火腿肠

我的防晒装备

冬天，合生汇里等单子的人

沙尘暴天气里，我还在外面跑单，这是送完订单后在一个写字楼过道拍的照片

过了午高峰后，各档口的订单都会变少

冬天订单太低，很多商家从于辛庄村口的商用楼撤店后，整个三层也拆除了

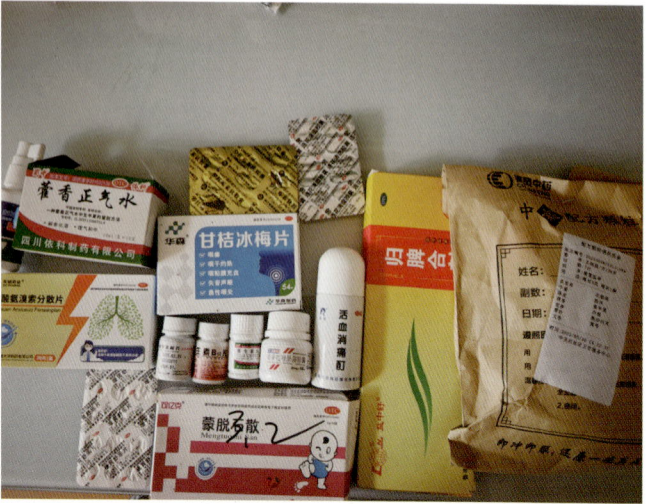

跑外卖后体质变得很差，经常要吃各种药，其中多是治疗肠胃、感冒的，还有被撞后外用的药物

新车骑了4万多公里，我常想，如果换成旅行，那应该到过了全国很多地方

我的外卖箱子，里面会放着晚上回家穿的外套、雨衣、一次性口罩和防水手机套、感冒药、肠胃药、卫生巾，防雨鞋套，还有人脸识别用的全盔

顾客送的小青蛙

路上碰到的女外卖员

正在送餐的女外卖员

被挤到路边楼梯下的理发师

返京

返京路上我一直在想些琐碎的事情，担心车子被雨淋坏，或是被人故意扎了车胎，尤其担心系统不认得我了。这么多天不跑外卖，我的账号等级从荣耀 3 掉到了荣耀 2，掉级意味着我的同时接单量会从 10 个掉到 8 个，也不可能提前看到订单。一路上我都焦躁不安。

到北京第一件事，先检查车子，好在没出什么故障。进到屋里，一看，地板上都是泥，马桶好像也从来没刷过，整个马桶壁布满厚厚的黄色尿垢，我的火气蹭一下上来了。再看水池里，我临走时的垃圾也没倒，过了半个多月，招了很多毛蝇子。看着地板上大哥脏兮兮的被褥，我心里烦躁得很，大概归置了一下，就穿戴上外卖装备出门跑单了。

好多天不跑单，原来养成的时刻看后视镜、时刻观察路面情况的好习惯也忘了，骑车时总是东张西望的，老跟别人撞车。手上的力量也明显小了很多，两只手架在车把上很疼，尤其是我的右手，在不断给车子加油门时，整个手部的筋肉连同手腕都异常疼痛，就好像手指与手指中间夹了好长时间的核桃那样的空疼。我连续跑了好几个小时，也没让我的手变得麻木起来，相反越来越疼，那天回去吃饭时拿筷子都痛。

　　大哥说，过几天就好了。

　　我没理会他，只是催促他抓紧吃完饭关灯睡觉，也让他快点找房子搬走。他嘴上答应了，但过了一个星期都没有动静。我的忍耐已经快到极限。他每天晚上回来都得吃点喝点才能睡，我们俩跑完外卖回来基本接近11点，他再吃吃喝喝，一折腾就到了12点。关键是他还打呼噜，我开开门想吹点空调，呼噜声震天响，不开门又热得睡不着，那一个星期我每天都睡不到四个小时。

　　我决定亲自给他找房子。我问大哥，你租房子的预算多少？

他说，有 500 块哩房子不？

我住的于辛庄村附近的几个村庄很少有空房，即使有，房租也都超过大哥的预期。自从于辛庄村拆了十几幢公寓，附近村镇也跟着陆续拆迁后，房源很紧俏，房租不降反涨。我先去于辛庄旁边的松兰堡逛了逛，又去了更靠后一些的辛力屯、上东廓、下东廓，都没寻出房子来。最后我想起来一个地方——七里渠，那里住了很多外卖员、保洁、临时工、杂工及其他收入不太高的人。

七里渠村不大，打远处看，到处是拆迁后的颓垣断壁，还有堆得高高的建筑垃圾，只有不到五分之一的房子还没被拆，另外五分之一是拆了一半，只有墙体，没房盖，还有的是房盖、墙体都有，但玻璃和门窗已经被捅得到处是窟窿。我骑车在村里走，都没有多少正经路，看似是路的地方，脚底下都是建筑垃圾，因为看起来稍微平整，才被人趟出一条道来。这种道很窄，坑坑洼洼的，也没个章法，错综盘结，有的走着走着就拧成了疙瘩，走到了死路上。在路的尽头，多是大片的建筑垃圾和空地，它们被铁板四面围住，我绕进去后，在里面转了一圈也没找到出路，有一桌在吃饭的人看我进来出不去，其中一个微胖的中年男人说，你原路回去吧，这里都围着了。可问题是我连原路都忘记在哪里了，于是他起身给我指路，将我引了出去。

我在村里瞎晃悠，看到房子上留的电话就打，遇到人就问人家有没有房子，沿路找，沿路问，打了几十个电话，也没找到合适的。看起来稍微干净点的，最便宜也得要 1000 块钱，有一个房间价格倒是合适，600 块一个月，但实在太破太脏了，开门的瞬间，一只老鼠突然蹿了出来，吓我一跳。就在我绝望之际，看到眼前路的尽头还有一片房子，走过去打听，刚巧房东也在。他说倒是有套房子，一对在工地上打工的两口子相中了，说今天晚上过来，到这个点了还没来，他说要不来你可以上去看看。房东引我上了三楼，三楼有 6 个房间，其他几个房都有人住，房东给我打开向阳那侧的一间房，屋里有张桌子，一张床，整体看上去很干净。我问房东，洗澡啥的在哪里？他说，在一楼，厕所在公寓对面的角落里，平时你洗菜可以上外面。说着他带我上过道里看，过道有个水池，也有水龙头，他说，就是有时候水压不够，水上不来，尤其是夏天用水的人多。我心里很满意这套房子，给大哥打视频叫他看，他也满意，就是房租比他期望的高了300块，好在离超级合生汇很近，不用像我一样骑车半小时才到，早晨能多睡会儿。为了叫大哥以后不埋怨我，我还下楼拍了一下楼底下的路，去到公寓的路并不好走，路两边是高高的建筑垃圾，夏天也容易存水，有可能雨大了根本走不出去。我问大哥的意思，他说订下来也中。我还问了房东有没有取暖费的问题，房东告诉我没有取暖费什么的，我这才放心地替大哥交了500块钱的押金，跟房东说好了第二天搬过来。

自从大哥住了这里，我没少挨埋怨，一到下雨天他就给我打电话，跟我说，你给我找哩啥房子哎，下个屌雨门前边哩路上水都腰巴深，车子都出不去，早知道就不该听你哩。

我说，你啥都埋怨人家，刚开始我叫你过来哩时候，你说我这里地方不中，跑不出来单，之前你待丰台也没见你赚钱，一个月5000块钱都赚不着。我说大哥，大哥倒也不生气，嘻嘻笑着。大哥小时候由于打了过量的镇静剂，可能伤了脑子，脑筋不算灵光，反应比平常人要迟钝很多，对很多事情的反射弧也比较长，不过可能也因此，他的性情一直比较平和。

说起来大哥的打工史也是很长的，他十几岁从技校毕业后，干过各种各样的辛苦活，在北京干过保安，下过工地，还去威海海里捕过鱼，去新疆钻过井。后来跟一个叔伯弟兄在安阳干活，从脚手架上掉了下来，脚粉碎性骨折，腿也断了，吓得全家人不轻。为了给他讨说法，一家人专门坐车去了出事地，找施工方协商，折腾那么多天，受了那么大的罪，最后赔了 5000 块钱。大哥在家憋憋屈屈养了两年，2023 年冬天又到北京，跑起了外卖。

我说，早知道不叫你过来了，啥都叫人家管你，以后我可是不管你哩事儿了。话说是这么说，后面他还是大事小情都找我帮他，躲都躲不开。

备战旺季

接近 6 月底，跑单已经有点让人难受了，天很热，人走到哪里，热到哪里，刚出门没半个钟头，我穿的袜子和鞋都被汗水浸透了。可能是在老家歇着把骨头给歇懒了，天一热，我光想在家里待着，但也只能是想想，该出门还是得出门。这次回来，我感到真的到了传说中的旺季。淡季的时候我每天最少跑 14 个小时，也就 200 来块钱，现在一天跑 8 到 10个小时，就能赚个 300 来块钱，多的时候能到 500。

之前午高峰我会固定在合生汇附近的热力点上跑，现在我开始探索新的路线，以合生汇为轴心向四周辐射。比如午高峰之前，我会先在 10 点半接个单子，跑一圈，再回到超级合生汇。如果超级合生汇没单子，我就会到唐家岭小区那边的热力点试试，要是那边接上了单，午高峰我就直接在那边接单，要是不走运没有接上单子，我会点开热力地图，去热力点比较集中的地方。在高峰期必须果断，不能老是死等在一个地方，看着单子上不去得抓紧撤，这是我以前固定在同一个热力点跑单所体会不到的。通常我在高峰期等上 5 分钟左右没有单子，会立刻前往下一个热力点，即便相互距离有 5 公里也得过去，否则，很可能会颗粒无收。

之后几个月里，以合生汇为中心的 10 公里内，我几乎跑遍了每个小区，每个商场、门店，几乎所有的小路我都知道；哪里有障碍，哪里交警多，哪里路不好走，我都知道。在不同的热力点来回跑，也能慢慢拿捏住每个热力点什么时候起单，什么时候单子回落，不再像刚开始那样四处乱窜，而是有了一些固定路线。

其实乱也有乱的好处，胡乱接单时，脑子里不会有条条框框。相对而言，后面我知道哪条线单多赚钱，哪条不多没钱赚，会纠结，算计该不该去没有什么订单的方向，但有时去订单少的地方反而能接上单子。我找的固定的路线，主打的就是收入稳定，但没有意外之财，所以后来我基本上是把两者混搭起来，中午固定跑，下午跟晚上就四处奔突，收入上也就会可观很多。

旺季单子多，单子一多我的等级也上去了，我不得不投入更多装备，首先第一件就是餐箱。早先我跑单时用的是小餐箱，那会儿天不热，且我大多是在住的地方附近跑单，路上遇到特殊天气，能很快跑家里拿雨衣、添衣裳，无需在餐箱里装很多东西。等后来我跑出沙河，远距离订单增加后，就得在路上准备临时要用的东西，备用物品多了，自然需要换成大餐箱。

餐箱这种东西也很有性别特色，男女骑手之间差别很大。男骑手的箱子里会装打火机、冰镇饮料、刮胡刀、啤酒、打气筒、肠胃及感冒药，还有补胎用的钉子、补丁之类的。我大哥老叫我也买上一些补丁，自己补，我都没买，我不敢自己修，万一再用改锥捅烂了车子就麻烦了。

我的餐箱里有零食、雨衣、雨鞋，还有卫生巾、护垫、水壶、湿纸巾、充电宝、卫生纸、防晒手套、防晒服、防雨手机袋、防狼喷雾——我甚至还往里面放了一本余华的《活着》。跑单以来，我连一本完整的书都没看完过，这让我很焦虑，就每天带着它，虽然知道带也是白带，根本没时间看，可后背有本书就觉得心里踏实些。这本书在我的箱子里放了好些天，终于在一个雨后，被淋成了一坨纸，自此我再也不往餐箱里放书了，只放我肯定会用到的东西。

第二件要投入的是车子。买的那辆二手车从买来起就不省心，隔三岔五地坏，第一次换胎时，大哥就叫我换车，我没舍得，结果车子零件越换越多，现在跑得远跑得多了，车子更跟不上，我真怕它再次在半路上出现故障，实在没法子，只好将车子换了。还是买的二手车，不过这次是在线下买的，我特意叫上了大哥一块儿。

其他的像充电宝、手机也都顺带换成了新的。手机淋了几次雨后，屏幕很不好用，用一会儿就烫得很，信号也不好，明明开通了5G，大多数时候手机显示的都是4G、3G的网络，一到超级合生汇这种商场里，还有望京、朝阳这种楼高的地方，信号就很差，好多看好的优质单子也是到嘴的鸭子飞走了，这让我很恼火，忍痛换了个4000块钱的手机。不过质量也是不咋行，用了没一周手机屏幕就出现了老化现象，修手机的说，你这手机不是摔的，是他们给你装的就是老化屏幕。我申请了售后，售后客服说，手机必须是表面完全无划痕，才会免费换新，否则只能维修。我不大相信他们的维修技术，怕像网上说的那样越修越烂，就撤销了申请，反正除了屏幕有点问题，其他方面还是挺好用的，网速、信号、待机时间都不错，这让我很满意，尤其是在抢单方面，它给我出了不少力。又索性把其他缺的装备也一并买齐，像充电宝我一共买了两个，一个是放餐箱里备用，一个是装在斜挎包里随时充着，充电用的数据线我都买了三四根，以备不时之需。

　　跑外卖这个活儿有舍就有得，舍得下力气、花时间、花钱，才能见到回报，眼瞅着已经到了旺季，不能因为省这个钱而耽搁后面赚钱，要是好好跑，实际上用不了半个月就能把装备钱赚回来。但有的人就算不清账，比如我大哥，为了省流量费，直接把 5G 网给关了，只用 4G 的，我知道后，劈头盖脸熊了他一顿，咱外卖员接单指的就是网速，你把网关了接个屁的单！他才把 5G 功能打开。

很多外卖员都这样，光知道省钱，不知道赚钱。我大哥为了省钱能一天只吃一顿饭，也不能为了赚顿饭钱多跑两个单子，宁愿天天抱着手机看小说。每回家里问他一天赚多少，他都支支吾吾说不出个准确数字。后来被我逼问急了，才说了实话，他每个月的收入比我少了接近4000块钱，我很生气，还不能叫大嫂知道，怕她生气，也怕她更加看不起大哥，我叫我娘跟他说了好几次，也不是很管用。

我逐渐变成了熟练工

　　旺季不是一下子来的，而是一点点来的，我的接单量跟它同步，也是一单单涨起来，等旺季的高峰真的到来时，我也差不多成了一个熟练工。以前，如果手上同时有两三个单子，我就会慌了手脚，不懂如何分配，经常将原本不会超时的订单配送到超时，也看不懂系统的路线规划，接到一单就赶紧跑去取餐了，往往送餐路上又得折回来再取另外一单。旺季到来时，我已经会像一个老手那样，接到单后，坐那儿先抢会儿单，凑够四五个单子再去取餐，方便规划路线。到 6 月底，我都敢同时接十几个订单了，有的更牛的骑手会把小鸟的跑单软件打开，同时接 24 个单子。原先在淡季流向其他职业的人，到了旺季就会重新回到外卖行业。这时，很多外卖站点都缺人，他们会通过各种渠道、各种激励模式吸引大批人加入，不然高峰时段的订单根本消化不过来。

在我的后台里，经常会有不同区域的站长发布招募信息，让众包骑手去跑团队单子，有的人还会给我打电话，问我愿不愿意跑畅跑、乐跑之类的订单，我都拒绝了。团队的单子固然多，可招到的人同样很多，落实到具体人头上的单子其实不一定比众包骑手多，而且跑团队规矩太多，我不喜欢，就自始至终都跑的众包。

某团软件有个最大的优点是，只要手上有一个单子，平台就会根据骑手接单时间、顺路程度等进行自动推单或是提示骑手顺道程度，它是从"顺道率 60%"开始计算的，这代表了有可能取餐地点相互接近，也有可能是送餐地点之间距离近。我一般只抢顺道率高于 70% 以上的，否则就会增加我的时间成本，同时也会增加我的心理负担。看着那如爆竹般炸到我系统里的订单，我心里一直憋着一口气，就像在潜泳一样，什么时候送完单子，我什么时候才能把那口气从心里送出来。

从 6 月回来后，我已经不跑早高峰的订单了，早晨 5 点多出门干到 9 点多，赚个 50 来块钱，还让我无法好好休息，有点不划算。身为有些经验的外卖员，我会将我的时间成本最低化，比如我在脑子里会给每个订单预留出等红绿灯及其他突发状况的时间，会根据我的步幅计算进出小区和爬楼梯的时间，会在选择吃饭场地时挑个有厕所、有商家出餐，且能在吃完饭后舒舒服服抢单的地方，或者在选择要抢的订单前，会考虑顾客周边有没有换电站、连锁超市等。我认为这是成为优秀外卖员的基本修养，如果没有这项技能，那很难赚到钱，我就碰见过很多干了好几年外卖，一天到头赚不到 200 块钱的骑手。

除了控制时间成本，我对跑单习惯也进行了改良，好在不超时的情况下尽量增加自己的配送单量。这也是在日复一日跑单路上总结出来的。

午高峰时，我一开始会选择同城模式，因为同城单给的配送费高，相当于近单两倍的价格，但它有接单量的限制，上限是 5 单，这个上限不会因为你的等级高而改变，在达到接单上限后我就会切换成近单模式。按我当时的等级，近单模式的接单上限是 13 单，两种模式相互配合，既能提高我的配送收入，也能保证我的跑单量。

单量上去了，也会带来一个问题——配送时间过于紧张，我必须对取、送单的位置做非常精确的计算才行。反正跑外卖，尤其在旺季高峰期，基本上所有可能遇到的困难，比如路障、路线和时间的规划、商家的出餐情况，等等，都得考虑，这些选择，中间误判了一点点，可能就会超时。每分每秒，我的脑子里都在计算取餐时间、路线、出餐时间。

午高峰第一单，我会或抢或接一个配送时长给得最久的订单，如在 48 分钟以上，最好是 50 分钟左右的订单，这么做是为了给自己留下足够的取餐时间，以防商家出餐慢或者别的什么突发状况。手上单子多时，时间非常不耐用，看着剩余的时间是足够的，结果点送达时，就会超时。有时我怀疑是不是平台偷了我的时间，也听别的骑手抱怨过，平台在单子快超时的情况下，会像倍速播放的视频，时间从一秒一跳变成一点五秒一跳，但我并不能确认这一点，也有可能跟系统的卡顿以及记忆偏差有关。为了避免这种偏差，接单后，我会在意识里将订单的配送时间减少 10 分钟，比方说原本给 40 分钟的单子，我会要求自己在 30 分钟内送达，降低超时的风险。

接第二单时，最好是接配送时间与第一单相等或是相差就几分钟的订单。但这也只能尽量去凑，并不是自己能自由选择的，因为系统很有可能接着再派一个合包单。所谓合包单，就是系统将取餐点相同或相近的、配送位置相同或相近的单子合并在一起进行派送，这种合在一起的订单有很多外卖拼单，配送费却比普通订单低很多，特别是送到相同位置的单子，会低 1 块钱左右。而且，这种合包单很有可能比第一单时间短，且合包单之间的配送时长几乎相同或相差很小。我在接到这种订单时，会先扫一眼取餐地点和送餐位置，如果跟之前订单距离大，我的心理压力会一下子变大——哪怕是多花 3 分钟的路程也算大距离，在我的时间计算里，单子超不超时就看这 3 分钟了。在取第四单、第五单的路上，我会像其他外卖员那样不断点着屏幕，这也是学来的，以前我觉得没必要，跑久了就明白过来，不一直刷新系统，新的单子看不到也抢不到，因为如果你手没在系统界面上，可能就是差手指头到屏幕那 0.5 秒的时间，单子就被别人抢跑了。

抢到第六七单时，我基本上就不太看配送时间了，只要注意别抢到时间特别短的"优享送"订单（注：有奖励的优先配送的单子，此类订单单价高，但给的时间相对于同距离订单会短10—20分钟），就不太可能超时。当然这也不绝对，如若手上有卡餐，或者是遇上封路的情况就极有可能送达不及时。有一段时间，北清路天天封路，一天封好几回。像因封路引起的违规，系统并不会免责，即使传上了照片、视频都不给免责。

我在抢单时也会特别注意避开那种烤鱼、蛋糕或汤水多的餐品单，以及体量大的超市订单，要不就是不好拿，要不就是提不动，别说我一个女骑手不抢，男骑手也不要那种单子——在外卖圈子里，我们挺看不起啥单子都接的骑手，要是差单突然被谁抢走了，大家会骂抢单的人拉低了行业底线，要是他不抢，系统会涨钱。不过也有时候，系统为了诱惑骑手抢单，会把单价提上去两三倍，但是等骑手抢过来后，价格又会掉落到普通水平，我就吃过好几次这种亏。

抢单时还有一个技巧，在抢到第八九单时，取前面的餐已经花了 20 多分钟，剩余配送时间很短，加上这时已经到了高峰期中后期，商家的订单量已经上来，很有可能出餐慢，再抢单，就特别要注意商家是饮品店，还是餐厅，是高档餐厅还是快餐店。一般高档餐厅的餐品都是现切现做，出餐比较慢，不像快餐，都是提前预备好的，能随时取餐，不会耽搁时间。饮品店就更快了，如果不是顾客点的杯数多或是特殊节日，基本上走到店里就能拿上餐品。至于最后那几单，我都只拿盒饭这类的快餐，而且还得是同一个商家或商场，属于捎带手的事。

在一个地方固定跑一段时间后，我已经大概知道哪些店出餐慢，哪些店出餐快，会根据它们的出餐速度、取餐距离来判断抢不抢，或者应该以怎样的路线取餐。通常，接完单后，我先去离我较近的两三个商家转一圈，点击上报到店，再去远的地方取餐，然后再掉头回来取餐，这样不仅能节省体力和时间，还能在取完了一圈餐，感觉单子送不过来时直接上报出餐慢，为自己争取到更多时间。这也是别的骑手教给我的，他跟我说，他所有的餐品就是取走餐了也会上报出餐慢，这样能延长 15 分钟时间不说，还能多抢几单。这么做其实挺不道德的，如果商家被骑手反映出餐慢的次数太多，会影响商家权重，让商家在页面展示上更加靠后，进而影响收益。可我们在取餐时通常不会考虑到这个，想的都是自己怎样不被系统扣钱。

像虚假上报这事儿，系统当然会给处罚，而且相当严厉，超过两次虚假上报的，系统会直接封号，每个月底，后台会公布虚假点送达、使用外挂软件抢单等违规的名单，涉及全国各地。不过注册成为骑手的人太多了，很多事儿系统管也管不过来，取证又太麻烦，有时就睁一只眼闭一只眼了。

当然，系统和骑手之间也有一个相互磨合的过程。如果骑手踏实肯干，系统就会给你派更多好单子，好单多了，你就有了自己的接单偏好、接单路线，这个过程是相互影响的。

我曾经接过二拨子一家饺子店的三个单子，其中一单是往航天桥去的，按照系统的规划，那个单子1.7公里就到了，但系统不知道的是，如果按照他们说的直线送单的话，要先穿过一个工地，再越过一个沟渠，根本就送不过去，得绕4.7公里才能过到对面。送完单子后，我给客服反映了这个情况，要求他们给我距离补偿，客服说，已经完成的订单无法给您补款，但是您说的这个问题我们会给技术部门反馈，合理规划路线。

尽管我没收到那笔补偿款，但令我欣慰的是，之后我重又看到往对面去的单子，系统给出的路线就是我曾指出的，如果有谁接到那边的单子，至少他们是能拿到本应拿到的钱的。

偷餐事件

在取餐和送餐路上，较熟的骑手会分工合作，相互帮忙取餐，他们会约定放餐品的位置，一个骑手取好餐后会放在那儿，另外一个再来取。但这么做也有风险，会被人偷餐。

跑外卖后，我新买的挡风被、雨衣都被偷过（此人偷走我的新雨衣，倒不忘把他的旧雨衣留下给我），连我大哥的车垫子都被人偷走过，偷餐更不算稀罕事，不光骑手的餐被偷，商家也会被偷餐。像有的商家爆单（注：指相比前一日或同时段，顾客的下单量暴增）时，会有骑手趁人不注意把餐偷走，这在夏天订单暴涨时非常常见，我不是头一回碰见，但是，像一次性把商家所有的餐都偷走的，我还真没见过。所以，当我去一家快餐店取餐，看到他们出餐口一个打包好的餐品都没有，就蒙了。我问出餐的老板娘怎么回事。老板娘说，出了好几个餐叫一个骑手一把偷走了。我问她，能不能现出一份？

她说，不然呢？口气里满是不高兴，但我知道不是针对我。我继续问她，你们没装监控？查查监控不就行了？

我抬头四处张望，没有发现监控，像这种情况，报警都没用，只能自认倒霉。

老板娘愤愤不平地表示自己已经被偷好几回餐了，她连说加诅咒，做饭时也摔摔打打的。老板也不很高兴，从兜里掏出一支烟，坐在满是油污的塑料板凳上抽起来。老板娘看他撂挑子不干了，也来了脾气，两人就吵了起来。他们吵架时，在角落里坐着的小女孩大概是他们的女儿，吓得一声不敢吭，只是默默写自己的作业。

一块等餐的骑手纷纷说着最近频发的偷餐事件。在一个超市上下楼梯的拐角处，我曾看到有人把偷东西的人的照片、车牌号都张贴在门上，但这起不到多大的震慑作用，该偷的还是偷。在我们农村老家也有人会趁人不备偷别人的东西，老板逮住了也没法，顶多是相互对骂几句，再不就假装看不见。

一个胖大的骑手说，听说有帮子人在抓偷餐狗了。

一个小伙儿说，抓住了，狠揍狗日的一顿。

说话间，我们的餐就出来了，大家各提了餐散去，无人再谈及这起偷窃案。人在城市里就是这样，进了门都是熟人，出了门谁也不认识谁，有时候，关了门也不一定都是一伙的，大家各怀心思，要是都一条心，也不至于偷拿别人的东西。

面对偷窃行为，外卖员或是商家，没有太多预防和惩戒方法。将希望寄托在平台上，有时候也不顶用。餐品被其他骑手偷走，系统会找商家去核实，但在核实过程中，有的商家为了降低自己的损失，会说自己正常出餐，不存在餐品被其他骑手偷走的情况（因为如果餐被偷走，餐损是由商家承担），更不愿意给骑手做证明，这时骑手就会吃亏，无法证明餐被偷，就只能由骑手来承担餐损。在商家这方看，要证明他们的餐被偷走也不容易，这需要时间，为了正常出单，有的商家会选择赶紧重做一份，再去解决餐品的丢失问题。

有的骑手挺坏，取了餐后想自己吃，就先把单子转出去，等有人接了单子，就直接把餐拿走吃掉。我跑单的头几天里，碰到一个骑手就是这么干的，我不晓得这种情况能申诉，直接取消了订单，让商家扣了我的餐损。第二回碰到这种情况，就知道怎么办了，先是给客服打电话，讲明我的情况，当时饭店老板也在旁边，给我做了证明，不然，那份价值300多块钱的西餐要是叫我赔，我得当场崩溃掉。在网上刷视频，经常能看到骑手被坑，那些人很像我刚入行的模样，傻乎乎、木愣愣的，要是老手大概不至于这么崩溃。

有一天晚高峰，下着雨，单子多，但跑单的人少，老些个外卖员都在商场里避雨，只有极少数人在不断地拿着单子，抢单的人里就有我。在雨将下未下之际，我提着餐从商场里出来，看见几个人围成一堆，不晓得干什么。我上前问站在人堆边上的一个外卖大哥，这是咋了？

那个大哥带着幸灾乐祸的神情说，一个屌毛小偷被抓了，还是个骑手。

我挤进人堆里，只见一个骑手被一群人按在地上，大家七嘴八舌，都嚷嚷着要带他去派出所，站在外面刚跟我说话的大哥喊道，打 110，打 110，罚死他。

按着偷餐骑手肩膀的外卖员表情严肃，活像个警察，他厉声问，谁叫你他妈的偷我餐的，你为啥偷我餐？

偷餐骑手一言不发，或许也是知道自己的行为在骑手兄弟面前无可饶恕吧。

被偷的外卖员越骂越生气，他说，我他妈最近丢了好几次餐了，罚了我一两百块钱了，你不知道跑单不容易啊！

另外一个在边上看热闹的骑手说，别跟他废话，他要是个人的话，也不偷餐了。

周围的人越来越多，那人想跑是不可能了。这时候才听见他很平淡地说，我看挂在那里，就拿走了，兄弟，放过这一回吧，我赔你钱行不行嘛。

没人可怜他，都嚷嚷着说要带他见官。我没等到警察来，也没看到处理结果，就从人群中挤出来了。照那个架势看，是很难和解的吧。

跑腿单

女性送外卖有很多不便的地方，面对女顾客还好，在接触男性顾客的时候，常常会出现尴尬的状况。

尤其到了夏天，白日里给人送餐，倒不会碰到男的只穿条内裤就出来，晚上这种情况就多了。那些男的一开门，看我是女的，也显得狼狈和慌乱，说话都张口结舌的，匆忙从我手里接过餐，然后"砰"一声关上门。有时候运气差点，一晚上会碰到好几个不穿外裤的人，而且有的人穿的还是三角裤，不是那种男生的平角裤，这种更尴尬，眼睛稍不留神，就能看到溜到内裤外面的阴毛，很是讨厌。

我遇到过更奇葩的。走到他的单元门下时，按铃呼叫也不接，打电话也不应，生生让我等了大半天。等我好容易爬到六楼，敲门又敲了好半天。我看没人应，刚准备打电话，门开了，只见他穿了一条很长的短袖，长及大腿，刚好遮住他的阴部，看样子像是上厕所没上完，懒得穿内裤，准备取好餐再去拉屎。他看我是女的也不惊讶，也没有慌张，大概碰到过很多女骑手吧，只是漫不经心地接过餐，跟我说，你能不能帮我买点手纸。

啊？我怕自己没听清楚，更多的是难以置信。

接着他就跟我诉苦般讲他的经历，听意思是他跟他老婆离婚，家里的东西都叫老婆给搬走了，手纸都没给他留一张，而他也比较倒霉，吃坏肚子了，有点腹泻，让我给他帮忙买个手纸。我在他开门的瞬间，其实就注意到他家里很空了，像是要装修房子，或是搬家，不知道他是净身出户，还是本身就一无所有。

我也离过婚，离婚时不光没保住自己的钱，连原来积攒的存款和婚后赚的工资都给了前夫，帮他还他的 17 万小额贷款了。在离婚时，他甚至不愿意归还以我的名义借的朋友的 3 万块钱。见这人的处境，我一时心软，就应了下来。我问他，您要什么规格，什么牌子的？

他说随意买个两三块的纸就行，以后他可以去大商场里薅点免费的纸。

下了楼，我直奔小区超市。在超市的货架角落里找到了一包手纸，付了钱又冲到六楼。那人开门后，从我手里拿了纸，迅即"砰"地关上了门。我敲门说，你还没给我钱呢？先生，这个纸要五块钱，麻烦您给我一下。里面男的大声嚷嚷着什么，我没听太清楚。我看他这是赖账的阵势，给他拨电话过去，拨了两个没人接，我知道坏菜了，又敲了几下门，看他不应只好走了。

其实脱离平台帮人买纸这种活儿，可以称得上变相的跑腿单了，也就是帮买单。只不过，这种跑腿，全靠雇主的人品以及契约精神，如果对方耍赖，那骑手就会吃亏，所以平台不主张私下帮人买东西，有很多骑手都这样被坑过。

平台的帮买单，买东西由骑手先垫付，但确认收货之前顾客得先付款，风险相对小。但也有玩仙人跳的，叫骑手买了东西，却给另外一个电话收货，通话脱离平台监管后，就反手把骑手举报了，说东西没收到，结果就由骑手赔付。还有一种情况，买到的东西顾客不满意而遭退单。有个外卖员跟我说，他接过叫他买相机的单子，连续退换三次，最后顾客居然不要了，他手上的那仨相机退给商家，人家只按二手算，给的价格特别低，害他亏了三万多。他说，以后磕头给我喊爷爷，我都不接帮买的单子了。

我也接过挺多帮买单子的，都是小物件，费用超不过500块钱，五花八门，有要指定品牌酒精、腌菜及其他吃食的，有要五金件的，这种单子看起来好找，是我们日常经常要吃、会用的东西，等真正去买时，并不容易找到。有回有个顾客下单买酒精，于辛庄所有的药店、门诊、超市甚至五金店我都找遍了，也没买到，只得申请取消订单，结果花了一早上的时间，不仅没赚到钱，还得倒贴给平台14块。之后我就不大愿意抢帮买单了，更多的是送些不需要贴钱的活儿，比如送货的跑腿单，这种订单的关键是要拍清楚照片，有多少东西拍多少，像有破损的地方一定要拍仔细，避免交货时出现纠纷。跑这种单有点像古时候的镖客。在送货时，我常常把自己想象成一身武艺的大侠，骑车穿过热闹的江湖，整个配送过程似乎也就不那么枯燥无聊了。

除了送货，我接到的最多的跑腿单就是替人参加培训，培训的内容各有不同，我很喜欢这类单子，就是走个过场的活儿，混个点儿，钱就进口袋了，还不用风吹日晒。印象比较深的是有一次替人上孕妇培训课。

订单一开始说是取件，等通了电话，才知道是要我帮忙上孕妇入院前的培训课，再帮她把培训资料带回来。她问我愿意不愿意，我说行。她把订单取消，和我加了微信。很多跑腿单都是这样，不方便讲的事情，他们会先下单，然后打电话过来，达成一致后再取消订单，用微信私下交易。

培训的地方离我不算近，我赶过去后，会议室里坐着很多男男女女，只有极少数的人还在围着一位护士签到。我慌里慌张将她的姓名、联系方式在签到表里填好后，便回到座位上。过了一会儿，才回想起自己写字时，将顾客的姓名连笔连得太厉害，会不会不好辨认？有可能"8"和"3"这个挂号 ID 也粘在了一块，使它们像是两个"8"，这种失误会不会导致顾客无法正常入院生产？整个培训过程我都忐忑不安。培训结束把资料交给顾客时，我把我的担忧讲给她听，她没有过多怪罪我，说她来处理就行。到现在我也不确定她有没有遇到麻烦。

因此种种，我有段时间很抗拒接跑腿单，可过了午高峰手上没单子，看见跑腿单还是心里痒。

没干跑腿这活儿以前，看到网上说下单叫骑手打人之类的事情觉得挺离谱，干了骑手后发现，还有更离谱的。比如一些同性恋下的单子，备注是"有没有彩虹骑手，一块撸一下"，这类单子在抢单大厅待了十几秒就不见了，不晓得是被系统清理掉了，还是被骑手抢了去。

我自己接的跑腿的单子，要求也是五花八门，有让取快递的，搬家卸货的，有让上楼将门口垃圾丢到楼下的，下单叫骑手打人的，还有打麻将三缺一的。

我甚至接过更离谱的单子。那是在8月中旬，大约下午1点多钟，朱辛庄那边发起了一个专人直送的跑腿单，这种类型的单子一次只能接一个，时间短，单价高，我抢到的专送单又高出普通专送单单价的一倍，几公里的单子出到了25块钱，我果断拿下，没顾上看订单要求。跑外卖就是这样，如果你把所有的细节，如路线、距离、单价、要求等都看一遍的话，那所有的好单子都轮不上你。

打开订单，看到备注说是需要接一瓶尿，而且必须是自己尿的。中午我吃饭时，刚尿了尿，根本没有尿意，现喝现尿也来不及，就打电话过去跟对方说，您好，您是要尿吗？

对方沉默了一下挂断电话，取消订单后又换了个号给我打过来，说只要找到一个健康的男性的尿液，就能给我 100 块钱，让我下午就过去，他可以把我下午的时间都换算成钱。我一盘算很合适，就有些心动了。我问，你拿尿干啥？对方再三说明不会做什么违法的事情，叫我放一百个心。我当时脑子不知道怎么想的，居然觉得这是小菜一碟，就爽快地答应了下来，说可以让我哥试试。接着他又询问了我哥的身体健康之类的，我跟他打包票说他的身体好着呢，一年里药丸都没吃过一回，他这才放下心来。

挂了电话，我打电话问大哥的意思，大哥也是头回听说这事，他的脸估计都笑烂了，说，嘿嘿，我第一回知道这样哩单子，你上厕所给他随便灌上一瓶尿不完了，你要找不着，我给你尿去。

我把对方联系方式推给了大哥。事后，大哥跟我讲，对方很守信，除了100块钱的报酬，还多给了100块，说是封口费，叫大哥不要声张出去。

　　我和大哥琢磨过好几次对方拿这尿干啥，也没个答案。后来有一天，我忽然想起，8月应该是有很多单位要体检报告吧，不然那段时间也不会有那么多要屎要尿的订单，但后来我都没再接过。过了8月，就没再见过这种类型的订单。

夏天的炎热

　　为了不被晒黑，我买了两套防晒服、一个防晒面罩，还有防晒手套、防晒霜，胸罩也买了两个，都是轻薄透气型的。

　　本来防晒装备我是不准备买的，想着凑合凑合得了，像男骑手那样。我经常看到很多男骑手连防晒冰袖都不戴，胳膊都晒得绷了一层又一层的皮。凑合了几天发现不行，我的左手为了抢单，得不断点击屏幕刷新界面，这就使得它时刻暴露在阳光底下，整个左手到手腕比右手黑了好几度。为此我想了很多解决办法，先是买了防晒手套，这种手套是骑行专用的，能露出来手指头，但是戴不了多大会儿就会被汗水浸湿，糊在手上很难受，我经常一忙就摘下来，也顾不上戴回去。后来我发现有系在车上的防晒手套，这个倒是管用，但只管手管不了习惯，它解决不了我老是抽出手刷单的毛病。

在面部防晒上也很难做到面面俱到，本来防晒服是可以遮住整个面部的，对于大部分使用者来说，防晒服非常完美，但对我来说还是不方便，联系顾客的时候，我为了能说清楚话，也为了呼吸顺畅，得把嘴部及鼻子露出来，要不了多久，我的鼻子和手就一样黑了。二嫂子叫我多买点防晒霜，市面上的防晒霜似乎不是给我这种天天需要待在户外的人用的，价格贵得很。

对我来说最有效的方法，就是往身上糊装备。我每天出门时都得做一大套准备，先是不戴防晒帽，人脸识别上线，然后戴上帽子、口罩、偏光镜、防晒手套，接着把热水装进大保温壶里，这叫我大哥笑话得不行，他说，这么热，喝冰镇哩多得劲儿哎。

很多男骑手为了降温买那种冻成冰块的饮料喝，再不就是喝常温的凉水，但是我喝凉的就肚子疼，对例假也有影响，大夏天还得抱着热水喝。有时候我也嫌喝热水麻烦，一是拧盖子耽搁时间，二是找热水麻烦，很多饭馆没有白开水，就是有我也不喝，那些水都是从自来水管接后烧熟的，喝起来味道怪怪的。很多男骑手不太在乎，随便找个水龙头接水喝。我在这方面讲究点，要是半道水喝光了，就会去便利蜂、7-11这种便利店买一瓶常温矿泉水，然后在微波炉里打热了喝。

有时候店员不让热，说怕爆炸，他们阻拦我时，我会告诉他们，盖子已经拧开了，之前都是在你们店里热，都没什么事情，人家也就不说什么了。要是坚决不让我热，或是刚好去的地方很偏，方圆好几公里都没便利店，我就渴着，或是在去蜜雪冰城取餐时买一杯最便宜的棒打鲜橙喝，不过这种果汁还是奢侈，比矿泉水还贵两三块钱。

喝热水的问题在进入7月份后解决了。有回，有个顾客看我大热天送外卖，送了我一瓶冰镇可乐，我喝不了，想着留给大哥。因为手上一直有单子，一口水都没顾上喝，到晚上才想起来那瓶饮料，就自己喝了，没想到放了一天的可乐竟然喝着热乎乎的。我挺惊喜的，这意味着我以后再也不用为上哪儿喝热水的事儿发愁了。

在夏天，我每天最低得摄入3升的水，就这我还会经常渴得口干舌燥。6月份还能经受得住，7月就难了，就是站在开足了空调的大商场里，汗水还是会顺着额头流下来，有的汗就像是溪流，能一路沿着脖颈流到胸部，再流到裤子的松紧带上，那松紧带一吸水，勒得人很难受，腰部天天被勒出深深的红印。

关于这点，我倒是挺羡慕那些送快递的，他们的车子有车篷能遮风挡雨防阳光，送件也不用像我们送餐似的，拼了老命赶，更不用戴着头盔。很多头盔不太适合女性，不是太大就是太沉，戴起来晃晃荡荡的，我只能退而求其次用自行车专用的泡沫头盔，这种其实戴着也松松垮垮的，我得挽上几个结才勉强能戴。戴起来热得要命，再把防晒帽套上，头发总跟水洗似的，湿漉漉的。每回我在小区里满头是汗送单，看见那些快递员，不是在门口悠闲地分拣就是在慢悠悠送件，完全没有我们的慌乱劲儿。

有个送邮政快递的小哥跟我说，你要不上我们这儿来吧，我们一个月能赚1万多块钱，送快递超时，有投诉了，单位都没人管。有一回，我已经下班了，有个女的非叫我去拿她的件，我跟她说，我下班了，你明天再寄吧，她不乐意，说要投诉我，我说，你随便投诉，说完我就挂了。我跟你说这种人就不能惯着，你到下班点儿就得下班，管它送完送不完呢，有时候我车里就是有收件人着急用的东西，我到点儿也是跑。

这让我很羡慕，我说，你们这怪好，一天上多长时间的班？

他说，8 个钟头，现在邮政哪里都缺人，你要愿意干，自己去面试就行，咋不比你跑外卖强。

他说这话在理，不过跑邮政快递，需要考 D 本，再说那些大件我的体力也应付不过来。

我跟几个给 G6 高架桥修路的农民工一块等红绿灯时，其中一个问我一天赚多少钱，我告诉他 300 多。这点我没糊弄他，从跑外卖后，我的月收入是阶梯式往上涨的，头一个月赚 4000 多，即使在淡季，也不低于 6000 来块钱，到七八月份我都能赚到 12000 了。他觉得不可置信，以为我在吹牛。我说，我每天都跑至少 12 个小时，比你们不轻巧。

听我这么说，他才平衡一些。我问他，你们一天赚多少？

他说，200 块钱。

我一直以为这种工作赚得多，没想到只赚这么点。他说，我一天也是干 12 个点，还没你们赚的多呢。

行走在路上，和不同行业的人打交道成了我的习惯，即使你不找人家说话，人家也会主动讲起一些事情，我往往只是旁听并不参与对话。天那么热，我整天口干舌燥的，根本不想找谁说话，再者也不得空，我的社交有点像是被动的，只在送餐、取餐、问路时才会主动找人说话，其他时间多是闷头送单，连吃饭都顾不上。早晨吃上第一顿饭，第二顿要到差不多下午 4 点或 6 点，实在饿得受不了了，才会随便找个地方吃点什么东西。

说是吃饭，实际是为了喝水，天热得人一点食欲也没有。这几个月，我已经把自己训练成了送单工具，不是在取餐，就是在送餐的路上。夏天午高峰的单子很多，每个商家的出餐口都围满了人，尤其是那些现炒的快餐店，总是堆着十几个人，我在取餐时，得找个缝隙硬往里挤进去，告诉商家自己的餐号。有的骑手不耐烦等，看到餐品内容跟自己的订单相同，就会把小票撕掉，直接把别人的餐提走。

我也这么干过，里头那么热，我只想逃跑。

整个送餐过程中，也就骑车那一段路是凉快的，虽然顶着大太阳晒得慌，但只要一直骑在车上不停下来，就会有风。一旦到了取餐和下车送餐环节就热得很。那些取完餐出来的骑手，没有一个不是脖子上明晃晃的，都是汗，衣服、裤子都湿透了。好容易熬到晚上，送餐也不多得劲儿，把防晒服脱了会有很多蚊子，一晚上跑下来浑身是包，这让我很害怕，担心吸我血的蚊子叮过传染病人。

即便如此，我还是喜欢夏天送单。夏天单价高，订单暴涨，且单子虽多，相对于淡季反而好送。淡季的单子东一榔头西一棒槌，很耽搁时间，到旺季时，却会非常集中，有可能几单都是同一个位置，送起来累是累，心里却高兴。所以尽管天热得很，我也没有盼望着夏天早点过去。我倒是想让它持续的时间长点，有点心忧炭贱愿天寒的意思。

雨天跑单

2024 年的北京老有暴雨，它通常来得又狠又急，并伴着电闪雷鸣。我很少觉得雨天很美好，雷打在头顶上时，会吓得人都是抖的，想找个地方躲都不得空，只想着快点送完单。为了不挨雨淋，我还专门买了电动车专用遮雨棚，我哥说这种东西不安全，还影响速度，就一直没安上。那会儿也不知道出门要看天气预报，经常送着送着单子就下雨了。有时我会找商家借个垃圾袋继续配送，或者去超市买个一次性的雨衣。这种雨衣跟纸扎的一样，风一吹帽子都戴不住，顶不了多少用。

下雨的时候咒骂下雨，不下雨了盼着下雨。下雨天单价高，单子还多，根本不用抢，好像系统里的单子等着骑手挨个儿跑，这当然也是因为雨天跑单难度大。路上哪里都是雨水，有的低洼路段，下水道里的水像喷泉一样涌了出来，要是不巧接到了往城中村跑或者需要穿过桥洞的单子，水都能没过踏板。越是这样，商家的单子越多，压根儿就做不过来。有的商家，骑手不接单子，就不给做餐，怕顾客取消订单，也怕餐品凉了顾客给差评，这样一来，出餐比好天气时还慢，骑手的配送时间就更短了，即便系统给 15 分钟免责，时间也来不及。下小雨时还有人出来跑单，大雨时大多数骑手就直接罢工了，跑单大厅里的单子一刷一大堆，单价高得离谱也没人跑，像有的骑手说的，跑它干啥，超时了又不给免责。这点我倒是略知一二。

有次傍晚突然下起大雨，雨水一口气从天上往下砸，连风带闪电的，很多手上有单子的骑手没敢送，在商场门口躲雨，我也在其中。等雨不大了，单子也超时了。像这种恶劣天气，别的区域老早就发了免责声明，但是我所在的生命科学园配送区域，到第二天系统发了扣款提醒时，还是没有发免责通知，很多骑手就在群里找站长问话，站长没敢吭声，等到下午才给发了超时 10 分钟免责的通告。这算是一次起义的成功，但也算是失败，因为从那次以后就再也没有不被禁言的群。

很多骑手因为下雨不免责而拒绝跑单，但越是这个时候我越冲得厉害。在天很热或者比较糟糕的天气送单时，大多数顾客会比较体谅我们骑手，有的人会在线上给我留言，告诉我不要着急送餐，慢慢送就行，或者天热要注意防暑。有次下大雨，一个女孩还送了我一份礼物，装在红色的礼物盒里，晚上我回去拆封，是个会闪灯的钥匙链，还有个绿色的铁皮小青蛙，一按就会动一下。这让我很惊喜。

除此之外，下雨天跑单值得安慰的就是价钱高，其余的部分则是苦不堪言。

雨下得大时，即使穿雨衣也没用，雨水会顺着拉链流进衣服里，弄得前襟和裤子里都是水，特别是在雨将要停下来或是刚下不下时，人闷在雨衣里，那难受劲儿别提了。有的男外卖员为了不闷得慌，只穿个上身的雨衣，下身淋在外面，但像我这样的女骑手就不太行，雨水淋多了容易体寒、宫寒，特别是在经期的时候，更是不舒服，整个人就好像是被闷在笼屉里。

天最热那两天，雨总是要下不下的，哩哩啦啦的雨水不定时地落下来，雨衣脱也不是穿也不是，如此两三天，我总觉得身上刺挠得很，知不道是衣服不干净还是过敏了，被胸带压住的地方都很痒。送完餐后，我在路边找到一个卫生间脱下衣服看，整个侧面布满了小红疙瘩，我猜可能是胸罩的事儿，穿上它的时候，我就注意到上面好像有些霉点，于是，我脱了胸罩将它塞进餐箱里。

　　那个胸罩被我放了好几天，某天，给一个男顾客送餐时，我正准备停好车给他取餐，已经在马路边等着的他好心地说，你不用下来了，我自己取就行。我眼睁睁看着他掀开我的餐箱，才想起来那个胸罩，好在被雨衣、鞋套之类的东西挡住了。我这才赶紧找个垃圾箱把胸罩扔了。

　　那些天我都没戴胸罩，一直都没买着合适的。不戴胸罩时，乳头老是凸起来，即使穿着防晒服也非常明显，在往灯火通明的商场里取餐时，我就一只手揪住胸部前面的短袖，横着手臂挡住乳头部位，一只手假装刷手机。这种姿势累后，我就低头含着胸，避免让人发现，等天黑下来，戴不戴胸罩也就看不出来了。

　　之后终于买到了超薄的胸罩，我穿着它去送外卖，寻摸着肯定不会再刺挠了，谁知道还没跑一个钟头身上又痒痒了起来。这回赶上了午高峰，没地方更没时间脱胸罩，就将它往上掀了掀，继续去配送。等单子都送完了，我将胸罩脱下来，揣进了箱子里。

磨损的身体

　　跑外卖后，好像每天都在生气，只要事情不是按照预定的节奏来，就气得不得了。在每天骑行的200多公里中，总会有几公里被卡住，红绿灯，走路不看路、开车不看路的人，莫名其妙的交通管制，都会影响我的速度，令我十分气愤。生气多了，脑子反应也迟钝很多，还会经常性地乳腺疼，起初是一侧疼，后来变成双侧。我不想生气，可由不得自己，很多事、很多人，好像就在前面等着气你。跑外卖以来，我的月经就没有正常过，从原先的一月一次，变成了两个月一次。第一个月，月经干脆没来。我等月经来，像是等一个人，哪个月的哪天该来，我都知道，基本上不用掐算，看看日历就知道了。那次我足足等了两个月，月经才出现。

来月经的那一天我也没休息。原计划跑到下午 6 点回家，接着接着单我就忘了时间，差不多晚上 9 点才到家。第二天，经血变成了黑色，而且量非常小，等到晚上换卫生巾时，发现月经终止了。这是近两年来头一次这么早结束。

为了让自己身体气血循环好一些，我总是喜欢坐在热热的地方。大哥好几回叫我弄个防晒坐垫，我都没弄，觉得烫烫屁股不孬，这在他看来有点不可思议。作为男性，坐垫太烫，对睾丸很不好，时间久了大概容易不孕不育。

坐垫热一些对女生倒是好事，没准儿还能治治宫寒，只不过坐垫只能暖屁股，暖不了腹部。早晨和晚上，天会有点凉，腹部老是被冷风吹着，肚子就会有点不舒服，甚至宫颈的位置都会被冻得抽疼。

午高峰取餐时，往往需要拿着餐从一个地方跑到另外一个地方，一跑就是 20 多分钟。跑完后浑身都是汗，接着又是骑车，热汗被风吹得冷冷的，甚至能感觉到汗水和风被吹进了肚子里、子宫里、肠子里。那些进到子宫和肠胃里的风，进去了就很难出来，它们好像跟血液、器官紧紧地裹挟在一起，牢牢待在我的肚子里，像膏药一样揭不下来，就算使劲扯掉了，还是会沾些风气在身上。因此，我常常腹泻或肚子疼。骑车时，我常会一只手捂着肚子，一只手把着车子。

以前来月经顶多是不能碰寒凉的东西，或者轻微的肚子疼，不至于像跑外卖时那么麻烦和难受。跑外卖时，屁股大多数时间是坐在不透气的车座上，吸足了汗的卫生巾垫在屁股底下，捂得很难受，要不了半天屁股上就会起很多小疙瘩，极其刺挠，让我无论用哪一瓣屁股坐在车座上都难受。最后，实在受不了，只好不垫卫生巾，甚至有时候连护垫都不用，任由它脏污我的内裤。经量小的时候还好，有时月经会忽然来一大股，把外裤也弄脏，这时候我会把防晒服脱下，遮住屁股，就像读书时常做的那样。我发现，衣服上沾染经血时，没人会主动提醒我，连女性也不会，往往是我自己解手时，或晚上换衣服时才发现，不知道是不是我平时跑得太快他们看不到，还是大家不好意思提醒。

送外卖是强体力、快节奏的行业，跑了将近一年，我经期彻底紊乱了，身体的其他机能也受到不同程度的影响。

在我活动指关节时，经常拉手闸的几根手指，已经无法自如地伸直和弯曲，连手腕在转动过程中，都会伴随隐隐的刺痛。由于长时间开车，我很难正面躺着，腿部长期的屈膝，让每块肌肉都非常紧张。9月份时，我的腿其实已经有些不舒服了，当时每天休息一两个钟头，跑单不那么猛就能缓过来，所以没当回事。等到12月份，腿麻就很严重了，左腿只要是平放着，大腿的整块肌肉便会慢慢发麻，像是压久的肌肉突然被松开那样，麻着麻着就会有明显的针扎的感觉，只有侧卧着肌肉才稍稍舒服些。有时候晚上睡觉腿能把人麻醒了。

我娘知道我送外卖辛苦，老是叫我回老家休息两天，她打电话跟我说，你以前老说你回来都没个自己哩床，俺给你花1000多买哩一个。我娘说着把语音给挂了，我以为是她断网了，谁知她又打来视频，叫我看她买的白色的床。我打趣她说，你给恁孙子买哩吧。她说，不是哈，我专门给你买哩，以后你都睡这个，恁侄女想睡你这个床我都没叫她睡。

她劝我去推拿一下，我不舍得，怕耽搁挣钱，那会儿我觉得每分钟都有可能出现让我一下赚很多的单子。最终去推拿，还是脚实在疼得吃不消才去的。我问师傅我的脚是怎么回事，为啥这么疼。推拿师傅跟我说，走路多是一方面，另外跟鞋也有关，如果鞋底子变薄也可能会导致走路姿势变形，让脚部受力不稳。我从床底下拿出自己的鞋子看了看，之前没留意，鞋底已经磨平了，大脚拇指处也快要磨出来一个窟窿。

我问师傅，如果我经常拿东西，光用左手拿，会不会让脊椎变形？

他说，那肯定的，时间长了你的脊椎就侧弯了。

推拿师傅在揉按我的全身肌肉时，我发觉不光是腿部的肌肉，从颈椎到小腿，没有一块肌肉是柔软的，它们都像是铁板，邦邦硬，而且，按每一个地方都会剧烈疼痛。酸痛感最明显的是腰部，平时，我哪怕是弯腰洗头都要扶着盆沿，否则酸疼得吃不住劲儿，连洗头都无法完成。

在没推拿前，我的身体甚至无法前俯后仰，想要捡地上的东西，只能是直上直下地屈膝蹲下捡，后仰更难，仰个 10 度就已经非常疼痛了。跑外卖的前三个月，坐着时还不会感觉到疼痛，等跑到第四五个月，坐在车座上坐骨神经便会剧烈疼痛。我在骑车时，上半身尽量往前趴，如此还能略微减轻坐骨神经的压力。

推拿师傅跟我讲，他那里经常会有骑手来按摩。有个老骑手腰椎损伤很严重，得绑着护具才能骑行。像他们一般是难受得受不了了才去推拿一次，毕竟一小时的推拿就得花 120 块钱，大家都不舍得。

照镜子时，我发现发际线越来越高，可能是长期戴头盔弄的。回想起来，我渐渐成了现在这个样子，也不能全怪送外卖。我的身体和精气神，是在外漂泊的这十几年，一点一点被消耗和磨损的。

2010 年，我 19 岁，在印刷厂工作了一个多月，巨大的噪声就让我的耳朵出了问题。辞职后，在北京也没什么朋友，只得暂住在我姨家，想着或许她能帮我找个工作。这话我没好意思讲，就在那儿磨叽着不走。这让她很不满，老找我姥姥告状，说我不给她做饭、洗碗、洗衣服，太懒。我心里挺委屈的，碗我确实刷了，但洗大件的床单、被罩，以及炒菜做饭，我在家里时我娘没舍得让我弄过，想做也做不好。我知道，这里长住不下去。为了早点找到活儿，我在网上投了不少简历，相关工作经验都是编出来的。喊我去面试的单位也不少，但一个也没成，有次我还被骗了 50 块钱。后来姨父看我老找不到活儿，给我介绍到圆通快递，不过我干了一个月就跑了。接下来就是进医院做标本外送、做服务员，随后的日子，我就像是个逃犯，在各个行业蹦跶，搜寻能够让自己暂时心安的栖息之地。

那些年，因为干的活儿不咋赚钱，住的都是月租 700 块钱左右的隔断房。冬天没有供暖，在屋里洗澡也没有浴霸，又舍不得热水器一直开着，就先接一盆热水，将上身衣服脱下来，用热毛巾将上半身整个擦拭一遍，搓完上身，套上干净衣裳，再洗下身。本身我就体寒，再这般折腾，体寒就更加严重。那时候我省电也是省到丧心病狂的地步。我会一次性做出来一天的饭，就头一顿能吃个热乎的，剩下两顿都是吃凉的，结果搞得脾胃失调。连房间里的灯棍度数都是最低的。我还爱看书，常常在灯光昏暗的屋里趴在弹簧床垫上看，一看就是几个小时，不但弄得脊柱出问题，还硬生生把眼睛给熬坏了。记得 2020 年，我跟前夫因为彩礼的事情争执不下，那天中午，我在院子里看书，看着看着发现书页上蹦出来一个黑点，我将眼睛转向别的地方，黑点也随之而来，这给我吓得不轻，赶紧回屋里休息，谁知眼睛里竟然蹦出无数的金星。那时候眼睛已经不适合再久看屏幕了，再严重的话，就得动手术。不过为了帮前夫还他的十几万贷款，我在 2021 年又去做了新媒体的运营策划工作，等 2022 年离完婚，我立马就转行到了服务行业。

当时不知道做外卖员赚得多，不然就不走这么多弯路了。我经常感叹，入行太晚。我听别的外卖员说，早些年送外卖不像现在单价这么低，这么难送，单子这么少，那时候他们还有挑单的权利，现在只能是被单挑，有单子跑就不赖了。

最近，我耳朵的问题又严重了一点，给我娘打电话时，听她说话，就像手机放在离我很远的地方，或者像是我被什么东西罩住，声音在罩子外面。我怕听力再受损，买了好几种降噪装备，像降噪耳机、耳塞我都试过，它们不是不好用，就是太好用——搞得我打电话通知顾客取餐时，都听不见人家说什么。

反复摘戴耳塞，也很麻烦，戴了没几回就找不见了。

　　到最后，我的耳朵在很安静的环境中听声音会没有真实感，只有在嘈杂的室外或者商场我才不会怀疑声音的真实性，知不道这是不是心理作用。现在我跟家人通话时，会放点音乐、白噪声之类的，否则我的注意力就会被声音本身转移，听不到对方在说什么。

　　我想，如果有一天我不跑外卖了，那肯定是跟听力受损或者身体达到了极限有关，这一直是我担心的事情。一想到我将来连送外卖都没法干，就莫名变得焦虑、迷茫。虽然它每日磨损着我的身体，但这是我头一份觉得干着踏实安心的活儿。

休息间歇

　　年初买了十几本书，预备好好看完，后来都只翻了开头，实在是没精力看。坐下来读书现在对我来说是一件奢侈的事情。巨疼无比的腰令我无法阅读和写作，即使在推拿后腰部不太疼时，我也会想着将体力留下来跑外卖。跑单闲余的大块时间也多半是刷视频，或者躺着，让脑子放空。我不喜欢像别的外卖员，骑车子时也刷视频，根本不看路，那样容易出车祸，我都是停在路边时才看看手机。平常我离那些成群的外卖员远远的，倒不是说不喜欢跟他们一起混，而是真在一起混了，也没啥好聊的。有时候听他们聊天，都是聊怎么跑单，跑了多少单，什么单子好，什么单子不好，遇到了啥稀罕事儿，除了外卖，一无所有，我也差不多。

一天里头，大哥会给我打十几个电话，一般分为两种事，一种是好事，一种是坏事。他说的话，我有时能听两句，有时一点也不愿意听，光想给他挂了。好马看腿，好人看嘴，人和人的感情好是从话上开始好的，感情变赖也是因话而起。跟大哥说的话多了，感情没变得更好反而更差了。夏天单子又多，我也没空跟他说话，而他但凡手上没单了就给我打过来，也不管我在干什么。我们俩聊天，说的十件事里头，八件都是他的，你还插不进去嘴。终于，我忍不住了，问他，你为啥老是给我打电话？给你媳妇打不行啊！

他说，跟她没有共同语言，跟你有共同语言。

我挺无语的。我说，我跟你也没有共同语言，以后别老是给我打电话。

这话我说了以后，他会减少给我打电话的频率，却增加了通话时长。有时他即使没事也会跟我连着麦，好几次，我正逆行，他就给我打过来电话，我挂了不接，他会很执着地不断打，直到我接通。那次我手上的单子已经超时了，给他连续挂了两次他还不放弃，只得接通了问他，老是打电话到底什么事？

他说，没事，看你干啥嘞。我说，你以后没事能不能别给我打电话？我没时间跟你闲聊！有这时间抢单不行啊，刚才接你电话，我差点跟人家撞车。我声音很大，他可能是生气了，之后就不怎么给我打电话了。但我又觉得他可怜，偶尔还是得跟他说说话，因为他在北京一个熟人没有，好不容易过来一个朋友，还因为房租的事儿跟他闹掰了。

大哥说，我待见跟人家一块住，一个人多冷清哎。

我说，一个人挺好哩，清净。

大哥说，回到屋里一个说话哩人都没有，啥意思哎。

我说，你看个电影不行啊，你不是好看喜剧片啊。

他说，那又不一样。

为了给空闲时刻找点事情干，他几乎天天看小说。有时候，午高峰，我手上已经拿了10个单子了，他还坐在超级合生汇的外面看小说。他对工作的态度让我不满归不满，但我也有点羡慕他的气定神闲。要是我能像他一样就好了，可我没法做到。

按照我自己的原则，只要出门了，就必须时刻在路上，所以我啥时候都是风风火火，着急忙慌地赶路。这种快节奏的生活，让我无法心静下来读任何书。半路上，我听见一些骑手外接了音响，放着歌，也有听书的。那种音响有的是自带的，有的是加装的，我的车子两者都不具备，就穿带兜的衬衫，把手机放在兜里，离耳朵近能听得更清楚，不过这也仅限于在小路上，一上大道，噪声就蜂拥而来。后来我还买了降噪耳机，挂在耳朵上，这也同样存在问题，长长的耳机线在骑行时很碍事。

真想听书时，我就挑没单子的间隙，将听书软件打开，一集一集地听着，可常常一本书听下来我都不知道讲的啥，因为一空下来我就在刷单、抢单，心里脑里惦记的也只有这事。即使休息在家，我也会习惯性打开跑单软件，看看有没有好单子，或者是自己想跑的单子，哪怕是夜里很深，躺在床上也忍不住点开看看。有很长一段时间，我甚至做梦都在送外卖，梦里一直在路上，走得很快，来不及看清一切。

每天重复的事情做多了，人就不用思考了，记忆力也随之变得很差，有时连朋友的姓名都会忘记。那些大脑自动清理掉的事物，只有在跑单时才会想起，就好像我是从跑外卖以后才出生的，之前都是另外一个人在过我的生活。为了让自己的精力更充沛，记忆力更好，起初我通过不断吃东西来给大脑补充营养，同时，我还会强迫自己记住一些东西，比如跑单的路线，否则，我就会像大哥那样，前脚刚说的话，过了几分钟又会问我一遍，然后又过几个钟头再问我。我不知道这跟大哥总看网文刷视频有没有关系。

和我同栋公寓的大婶，甚至连视频都不看。我每回空闲时碰到她，她都在那里发呆，看路人，或是听别人聊天。我问她平时为啥不刷刷手机。她说，看那有啥用，浪费钱，浪费流量，我哩流量都是跑单时候打开，过了高峰期，像晚上我就关了流量。

大婶的儿子正在玩游戏，嘴里不断喊出"操""屌毛"之类的脏话。显然，大婶已经习以为常了。按大婶的话说，玩游戏也好，总比出去打架强。又说起前两天他跟站长吵架的事。他们站长无缘无故扣了他几百块钱，大婶和他一起去找站长，理论半天也没理论出来个一二三四。大婶说，那个站长忒不是东西，扣了钱以后还不辞退俺儿，也不给派单子，说要等一个月才叫走。农村人待城里混，没点说话挡事哩人不中，光受气。

我说，在哪里都一样。

我说这话时，刘哥骑车过来停到我身边。刘哥是我们这片的大神，不是说他跑单厉害，而是因为不太跑单。他的跑单模式是跑一个月，歇一个月，或者干脆手上没钱就跑，有钱就不跑。刘哥不跑单时，就在家里躺着睡觉、打游戏，太阳好的时候，他还会去边上的沙河水库钓鱼。

我见刘哥车上挂着一个水桶，就调侃他，钓了几条鱼了？送我几条呗。

刘哥掀开水桶盖子给我们看，钓了一天就这仨，今天手气不行。

我一看，水桶里确实放了三条鱼，很小，就说，刘哥，这点鱼不够塞牙缝的，该出来跑跑单了。

刘哥盖上水桶的盖子说，不跑，不受资本家的剥削，我挣不到，他们也别想挣到。

像刘哥这样的外卖员挺多，一天挣个100来块钱就回去，再好的单子说不干就不干。有个才20多岁的小伙，是贵州那边的，一天100多块钱都挣不着，挣个90来块钱就待屋里睡觉。还有一个小孩，看着还没20岁，就跑跑午高峰，到下午就回出租屋里看直播，他还给主播打赏呢，他的钱除了吃喝、房租，剩下的都给了主播。

聊起这些，大婶叹口气，好好干多好，恁现在是不知道钱中用，等知道钱中用了，也晚了。

刘哥从兜里掏出一盒烟，抽出一根点燃，有啥后悔的，生病等死，没啥都。

我不知道这叫达观还是破罐子破摔，他举手投足的那股潇洒劲儿，倒是我羡慕的。我也想像他那样，什么也不干，干脆下线回去看书、写作，可我又没那个底气，以后我眼睛的手术费、父母的养老都得考虑，根本不敢放松下来。

大多数外卖员和我比较像，只知道拼命地干，累了就在树底下歇着，在楼道里，在地下通道躺着。夏天最热时，通道里满是外卖员，有的躺在车子上，有的铺个垫子躺地上，大多数人连垫子都不放，直接就地一躺。起初，我不明白他们为啥不干脆回去休息，等跑久了，我才明白过来，不是他们不想回去，是一来一回太耽搁时间。就比如我，有时候接同城单，会接到离家几十公里外的地方，自己待在哪个区都不知道，回去睡觉显然不可能，只能找个地方休息会儿。不过我从来没有像别的外卖员那样随便躺在什么地方，觉得那样不是很安全。我通常都是坐在自己的车上，往后一躺，靠着餐箱闭上眼睛休息一下脑子，再不就是刷刷视频。我已经不会对没时间写作和阅读感到焦虑了，一切都理所当然。

低欲望的外卖员

外卖员这个群体多以单身男性为主，按我哥的话说，都是光棍子。我经常能碰到很多才从学校出来的，年龄 20 左右的男生，他们基本上在团队里跑单。我认识一个男孩，他说他是被忽悠进去的，听说团队里的单子比较稳定，而且给安排宿舍，还提供装备什么的，就进来跑单了，谁知道一天 100 多块钱都赚不了，他一个月还没赚 5000 块钱。

我问他，你们宿舍免费吗？

他说，一个月 900 块钱，还得交租车钱，光这些下来一个月都得花 2000 多，如果刨开吃饭、话费，都剩不下钱。

我说，那你干它干啥？当个店员都比这强。

他说，就是，我后面就不准备干了。

后来我也确实没有再看见过他。

像他这样的骑手很多。有的从团队里脱离出来后会继续跑众包订单，也就是我们这种无组织的散户单。有的就涌入其他行业里。长期留在这个行业的，大多数年纪与我相仿，甚至更大，当然也可能是成天风吹日晒，显得比较老。

我在吃饭的时候，边上有对象的男骑手，基本上都在跟自己的老婆或者女朋友视频通话。像我这种没对象的骑手，不是刷视频，就是躺下打游戏、看小说。有一次，超级合生汇请了一群肤白貌美大长腿的女生跳舞，我取餐时从边上经过，奇怪的是，站在周围的男男女女中没有看见一个骑手围观、欣赏，都是像我一样匆匆看一眼就走，或者连扭头的时间都没有。我猜大哥可能喜欢，就给他打电话说，超级穹顶那里有美女表演，你看不？

大哥说，看那干啥，送单还送不过来嘞。

我以为是我没表达清楚，就说，那些女的长得挺好看哩，又白又高，跟明星一样，你不看看啊。

他说，不顾哩，挂了吧，我得取餐嘞。

我猜可能是午高峰的缘故，大家没时间停下来驻足观望。我给大哥拍了一张照片发过去，估计他也没看，没给什么反应。等午高峰过去，我再经过穹顶时，也没见到几个骑手去看跳舞及其他表演，他们不是在吃饭，就是在商场的地上躺着或坐着。

我自己跑外卖以后欲望也减退了很多，好像对人类失去了兴趣，没有精力去爱一个人甚至自慰。每天跑完单以后，唯一惦记的就是吃东西，以及抓紧洗漱完躺到床上休息。休息一晚上醒来更有精力后，我也不愿意做点什么，不是不想做，是感觉谈恋爱或者性行为很麻烦。我以为自己是对男人失望了才会这样，很长一段时间怀疑自己是不是同性恋，可跟女孩子接触下来，我发现我只是单纯欣赏女性，如果谈恋爱就不行了。后来，我的朋友告诉我，我只是累了，所以才对人类没有欲望。

我的欲望的觉醒基本上都在梦里，因为社交面狭窄，在梦中，我的意淫对象都是我的朋友，从来没有出现过其他人，来来回回都是那三两个人，这让我很不好意思，每次醒来以后都感觉很尴尬，好像真的和朋友发生了什么。我还跟其中一个朋友说，我梦到你跟我表白了。

他好像也有点不知所措，给我回了一个撇嘴的表情。

我不晓得他是怎么想的，继续跟他说，我梦见你跟我说，你喜欢我，我说，我长得挺丑的，五大三粗的，像个男的，你为啥喜欢我？你说，在我的眼里你就是独一无二的，你很特别，别人跟你都不一样，然后我还挺感动，醒来的时候还哭了。

他又给我回了一个捂脸笑的表情，我觉得自讨没趣便没再跟他多讲。

之后，我在交友软件上也接触过几个人，对方一听说我是跑外卖的，直接不搭理我了。有的稍微对我有些兴趣，而我只是把他们当成欲望发泄的对象，口嗨而已，从没想过跟对方见面，或者有更深入的交际。就算我想也不可能，我根本没有时间聊天。有时候对方发个消息，我得等到单子送完才有时间回。久而久之，我就把聊天这件事当成了负担，一看到有人对我有想法，直接就溜了。

夏天时，偶尔我会想穿得好看些，但是我发现，走在街上，即使你穿好看了，还化了妆，别人也不会用欣赏的眼神看一下你。很少有人把我当成女的，大多数骑手也不会对我产生兴趣。渐渐地，我忘记了我的女性身份，不太在意自己穿了什么，除了紊乱的经期及上厕所时，我才会有自己是女性的认知，其他时候我就是个没有性别的人。

当然这也不意味着我没有被人搭讪过。有个18岁的男孩，只要碰见我，哪怕从我身边过去老远了，也会再转过头来，姐姐姐姐的喊着，跟我说上一两句话再去干别的。还有个男孩就不老实了，他是我跑单路上认识的，老跑过来找我。这个人每次跟我打招呼都不老实，而且还是循序渐进的不老实。前几回他跟我说话时，只是远远跟我说两句，我都记不住他的样子，总以为是不同的人跟我说话。记住他长相是他头发染成红色以后，合生汇那片的骑手就没染头发的，更没染红头发的，因此对他印象深刻。

有一天，他突然大声问我，你是不是也离婚了？

他的声音很大，以至于身边所有的骑手都扭头看我，整得我很尴尬。我说，嗯。

他自己一点也不难为情，一副志得意满的神情，好像很有信心拿下我一般跟我说，我早就猜出来了，跑外卖的女的大部分都是离婚的。

这点我没想到，主要是我见过的大多数女骑手都岁数小，看起来也不像是结过婚的，我也没打听过。那男的见我不理他，就说，我也是离婚了，媳妇嫌我赚得少，跑了。

对他的坦白我只感觉腻味，不愿意多说什么，就说，我还有单子，走了。

之后好几天我没有碰见他，更想不起来这个人，再次遇见是在我住的村子附近的换电站，远远我就看到了一头红毛，像只火烈鸟或是公鸡之类的。我不想过去，在不远处等了会儿，他还不走，我就不得不过去了，如果不在那里换电，前头就没有换电站了。我将防晒服的拉链往上拉了拉，戴上帽子，低着头过去，没想到这样他还能认出我来。他走到我跟前，跟我说，你也住这里呀。一般换电站都是在比较狭窄的地方，一个人连车子带人骑进去刚刚好，两个人加车就很逼仄了。我看他往我跟前凑，本能地往后退了一步，心里很是厌恶。他似乎没觉察出我的警惕，在我退步时竟又往前追了一步，重又凑到我脸跟前。为了拉开我跟他的距离，我转到车子的另外一边，将车座拉起来，立在我们中间，就这，他还趁机摸了一把我的肩膀，那种摸不是像别人那样拍完就走，而是拍完我的肩膀又停留了几秒，我都感觉到他手上的温度了。我连忙往后一闪，他的手才拿开。

我问他，你是在这附近跑单还是咋回事？问这话，一是为了摸清他是不是在这里住，二是想知道他的跑单路线是不是就在这里，如果他在这边跑单，以后我可以去别的地方换电，避免他的纠缠。他跟我说了他的住址后，又问我住哪里，我没搭理他，装上电瓶就要走。他倒好，直接从我的手机支架上拿起我的手机，这是头一回别人未经过我的同意拿我的手机。为了方便抢单，出门时我手机从来不锁屏，他就直接点开了我的微信界面，扫了他的号，替我通过了添加。这让我很烦，我说，我又不跟你聊天。

他说，咱都是骑手，低头不见抬头见的。

我懒得再理他，骑上车子就走。谁料，他竟然从后面追了上来。半道上，我故意开得很快，甩开了他。

等到了合生汇，我取完餐正准备从负二楼出去时，这个屌毛不知道从哪里又冒出来了，突然手搭到我的肩膀上，然后顺着肩膀一路沿着我的后背往下滑，到我的屁股上才把手拿开。他跟我说，你看起来不是很高兴啊，咋了？

我这次是真的被激怒了。我说，你离我远点，我跟你都不认识，起开。

他还委屈上了，说，咋了，谁惹你了。

我气冲冲地骑着车子离开，一路上越想越气，就微信跟他说，你不懂什么叫性骚扰吗？我跟你又不熟，就动手动脚的。说完我删了他的微信。自那之后我碰见他也假装没看见或者干脆就躲得远远的。这样过了一段时间，某天他把我堵在一个路口问我，我怎么着你了？你为什么这么对我？

我只是冷笑一声，一句话没说。我走到边上大哥那儿，说，刚才有个红毛你看见了没，他骚扰我，趁我不注意摸我脊梁。

大哥看了一圈说，没找着。

我说，他下次再骚扰我，你揍他一顿。

大哥说，中，这人忒呲毛了。

不过，自那回起我和大哥没再同时遇到他，只有我单独碰见过他几次，他看见我还是想说话，我直接一个白眼，扭头从他身边过去了。

这之后我几乎没遇到过这类事，可能是因为天冷后，我穿着皮衣更难分清我是男是女吧。至于别的女骑手我不太了解，只是远远看见过她们，被一群男骑手围着，谈笑风生，一点不像女的，他们看起来也不把她们当成女的，倒是很像兄弟，像哥们儿。

　　我想，也许我跑得久了也会这样，逐渐像个男人。这点对系统来说倒是非常有利的，女人男性化后，能接更多难以配送的单子。

冬天的外卖

　　我不知道北京冬天的分界点是在几月份，于我而言，只要是穿上轻薄袄就算是冬天了。刚进入冬天时，单子不多，算是旺季跟淡季的交叉点，配送单价也没有我想象中的高。印象很深的是，10月8号从老家回来以后，单价一下子降低了不少。10月前，午高峰，每公里的配送费最少2.5元，进入10月，特别是11月后，每公里的配送费少了差不多7毛钱。这算的还仅仅是商家到顾客的距离，如果算上取餐的距离，那每公里的单价要低了1块钱。即使我同时配送10单，最多也就赚60块钱，中午如果想赚100块钱，就得在11点之前赚上30块钱左右，按照我的跑单节奏，得保证在11点至12点中间拿到差不多10单，否则，我只能靠12点后面的狗屎运。狗屎运不是人人都有。再说，11月份左右单子也少得很，并不是人人都有单子跑。

好几次，我取完餐专门从大哥身边走过，看见他又在看小说。我懒得再说他了。大哥好像一点也不为自己和一家子着急，好像他从来没有把自己当成一个丈夫、父亲，永远是一副死猪不怕开水烫的光棍汉模样。他的那些朋友，也没一个正经干活儿的，都吊儿郎当的。大哥说，来果前天给我打了仨电话，问我借钱，我都穷得叮当响了，还跟我借嘞。我说，恁都是不好好干哩人。大哥辩解说，没有单子叫我跑啥。说这话时，他表现得很愤怒，他怪平台把单价压得越来越低，跑单的人越来越多，单子却越来越少，却从来没有埋怨过他自己。我之前在比较好的热力点上跑单，把地址分享给他，叫他也过去跑，他不去，光是在合生汇外面坐着刷小说。

我实在是忍不住了，就问他，你手上没单？

大哥给我看了看他的跑单界面，接了两个单子。我说，你咋不取去？

他说，急啥。

像大哥这种类型的外卖员我经常能碰见，他们不是镇定地坐在外面刷手机，就是镇定地取餐，全无女骑手的慌乱劲儿。好像男外卖员比女外卖员更能沉住气，这可能是自身性别带来的底气吧。作为女外卖员，我经常担心东西过重，距离过远不好取送，但男的就不会有这种忧虑，只要价钱到位什么都好说。

天气渐渐冷起来，我的跑单时长也变短了。这时候，《作品》杂志的主编王十月老师发来信息，鼓励我写写送外卖的经历，他说，女外卖员是个难得的题材，你有这样的生活，又有写作能力，要抓好它，写好了以后没准有机会发表。这极大地激发了我的斗志，每到下午我就跑回去写作，只有在天气稍微暖和起来时，才出来又跑整天。这个时候的外卖员好像也不多，所以过了午高峰后，我还是能抢到很多不错的单子，这让我瘾头挺大的。

当我连续几天都在跑外卖时，朋友马晓康就会问我，你现在经济很紧张吗？

我说，不紧张。

他说，那就先挑重要的事情做，先把你的纪实文学写出来，外卖永远在那里不会跑，但是文学能改变你的命运。你要是很缺钱我可以给你 1 万。

这让我挺不好意思。我说，我不是缺钱，是跑外卖这个活儿跟赌博一样，有点让人上瘾，我根本停不下来。那个钱是真金白银，干一单就有一单的钱到账，让人心里很踏实。

所以尽管他劝我，我还是忍不住出去跑三四个钟头。我怕进入12月份后，会完全没有收入。按我的计划，在气温到达零下以前的10月到12月，得攒够1万块钱，用以支出1月份到2月份因天气寒冷无法跑单的损失及日常开销，否则最后一两个月我就是纯粹花钱。

在冷热交替的那段时间，我有两种矛盾的心理，一种是盼望着天越来越冷，一种是希望天不要这么快变冷。前者占的比重更大些。尽管天气已经在10℃以下了，单量和单价却没有上涨的趋势，这让我忧心忡忡，我怀疑是天气不够冷的缘故，如果够冷没准钱就给得多了，钱给得多的话，我能早点停下来歇上个把月。

马晓康常常说我光顾着眼前的仨瓜俩枣，这一点我不否认。像我这种身处底层的人，人生最充满希望的时刻就是当下，眼前，而不是未来，甚至也不是写作。那些遥远的事物只不过是我的挡箭牌，用以掩饰我的失败。在以前处于失业状态时，同学问我在做什么，我一律回答，我在写作。其实我没写出多少好东西，或者干脆就没写。我的一个作家朋友孙一圣问我，你最近在写东西吗？

我扯谎说，啊，在构思一个跑外卖的东西，刚写了一万字。

但我并没有写。

他说，可以写写，这个写好了没准比你跑外卖赚钱。

我并不是很相信这话。写作十几年，我根本不知道自己是什么水平，也不相信自己能写好，有机会出版成书。很多作品即使写完了也是被我放在电脑里，那些长篇、短篇、诗歌，甚至连备份都没有。就算电脑坏了，所有的作品都丢失了，我也不觉得可惜，反正我已经借着写作证明了自己的存在，或是打发了时间。

跑外卖后，我接受了自己可以不写作这件事。有时候花一个月的时间吭哧吭哧写的短篇，才给几百块钱稿费，这些钱我一天就赚回来了。所以在写作上我并没有很上心，继续跑着冬天的外卖。

相比夏天，我在冬天会更紧张些，这跟天太冷有关。为了防寒，我买了骑行的加绒皮衣，再冷些时，皮衣外面我又套了个袄，气温到 5℃ 左右后，我又在里面穿了一层马甲和轻薄袄，整个人看起来很臃肿。

我经常去的那个鸟商场里本身空调就开得很足，取餐的地方也绕，加上皮衣又不透气，整个人像是被裹在塑料袋里，一串单子取下来，贴身穿的秋衣、毛裤、卫衣、棉裤、轻薄袄、加绒裤、马甲、羽绒服都被汗水湿得透透的，整个人感觉也沉重很多。等所有单子送完，我能感觉到衣服从里到外一点点变得冰凉。为了让自己暖和起来，我想了个好招，在回家以前专门接几个爬楼的单子，或者是推着电车子步行一段路，人工烘热自己的身体。

但一刮风，这招就不灵了。北京冬天的风很大，吹得人不是滋味。有遮挡的地方还好，如果是楼栋之间的风，能连人带车给刮歪。有一回，在送餐路上发现一个餐丢了，我回到原先停车的地方，四下搜寻，果然看到了我的餐，但我没法去取它，风太大了，我用身体压着车子都东倒西歪的，如果人起来的话，所有的餐都会被吹跑。好在这时有个男外卖员过来，我请他帮我捡了过来。

后来我在抢单前，也得将风力考虑在我的取单上限内，风太大的时候，车子很难骑动，即使骑动了，也很耗电。本身冬天电量就掉得快，再加上风阻，掉得更快。不光电车掉电快，手机的电量也是哐哐往下掉。寒潮头次来的那天，我一点经验都没有，以为自己的电量很抗造，谁知道午高峰还没过，电车和手机的电就没剩多少了，只好果断下线换了电瓶回家蓄电。

渐渐地，我对气温的感知也变得更加敏锐，知道低一度或是高一度应该穿什么样的衣服，应该以多快的速度取餐，取几单能保证身上不出汗，不像刚开始那会儿，我常常同时抢 8 个甚至更多的单子。很多男外卖员看到我取那么多餐就笑我说，单子是不是都叫你抢了？有的不笑我，只是干看着我，不晓得他们什么心情。

冬天送餐，我整个人急躁得不行，光想着早点送完找个暖和地方待着，或者趁着身上有暖和劲儿抓紧往家赶，可有时候你越是着急，屁事儿越多，这让我的脏话也变得多起来，看见谁耽搁我的事儿都骂。所有的人，无论男女老少，几乎都被我叫成"屌毛"。当然，不光是人，不让进车子的小区、难送的单子、不好进的楼、难等的电梯、开远光的车等等，都是"屌毛"，可能这些在天热时不算大事，我还能忍，冬天就不行了，根本忍不了。

有一回，天非常冷，人在外面都站不住的那种冷。我送了一个餐，到楼下时，顾客还没到家，我手上单子又多，就打电话问她咋办，她说，你再等等吧，估计待会儿就有人开门了。

我说，我能不能给您放门口？

她说，不行，你给我放门口我投诉你。

我刚想再说点什么，她就直接挂断了电话。

我对着手机骂道，靠，你个屌毛竟然挂我电话。

一般遇到这种情况，男外卖员就不会生气，他们直接取消订单，把餐吃了也不给她送。像我就有点财迷，怕扣钱，也怕取消订单后限制接单。

进入冬天后，系统动不动就限制我接单，大概是因为狼多肉少吧，像取消订单、系统检测没戴头盔、超时、投诉、虚假点送达都给我计入违规次数了，一周里头会限制我两三次，有限制 30 分钟的，也有三小时的，最多的一次是 12 个小时，是因为有一天晚上送餐时，我把"碧水源大厦"想成了"碧水大厦"，本来我以为上报"顾客定位不准"就能点送达的，结果第二天系统就通知我虚假点送达，限制了我的接单，这让我的总体收入缩水很严重。如果这事发生在夏天，我还能坚持多跑几个小时，但冬天拼的是谁更抗冻，我就不行了。天冷以后，我经常被冻得宫颈及腹部疼，每走一步路就会剧烈疼痛一下，最后冻得月经都不来了。

朋友田田说，我的问题是生活节奏太快导致的，该歇歇了。为了叫我停下来，田田还约我去读书、吃饭，好几次，我都给拒绝了，因为他们每次约的时间都是周末，我不舍得出去，一周里头就数周末单子多，错过了又得好几天才能赶上。田田跟我说，咱俩都半年多不见了。

我算了算，还真是。

她说，我们周六见面吧。

我说，好。

我们约在商场见面。停下来以后的我，很不适应，总有一种翘班的错觉，不知道该如何待在停下来的世界里。以前送外卖时，将车子放在商场外面的电动车停车区，觉得理所当然，但是在去商场消费时，车子放在那里会有种理亏的感觉，生怕别人不让我搁车子。

把车子放好，田田还没到，我独自进了商场，有一种莫名的疏离感，或者说是陌生感。看到平时经常取餐的店，我会想，他们会认出我来吗？

等了好久田田才来，她看起来状态很不好，可我又不知道怎么安慰她，只能喋喋不休地讲我自己的事情，结果给她讲得更抑郁了。

她说，你知道吗，我好几个朋友都压力很大。接着她给我讲她自己的事情，但我都没在听，尤其是在大哥给我汇报他跑了几个好单子后，我就很想早点结束会面，感觉自己已经不属于这个静下来的世界了。

跑单后，我的词汇量变得越来越少，人也枯燥很多。以前我还能时不时说点很巧的话，如今在朋友诉说自己的苦恼时，我已无法给出很好的反馈，只是像个机器人很机械地回应，更谈不上安慰。我已经忘了怎么生活。这令我很沮丧，令我更想逃回外卖的圈子，在那里我只有自己，这让我感到自在。

慢下来

天突然变得很冷，有点让人受不了，即使有太阳的中午也是 -8℃，如果把车骑到时速 50 公里以上，这个温度还得往下低个 8℃，冻得人都发抖，而你无法把车速降低，那会导致单子超时。最冷的那几天我不再跑单了。刚开始我还有点像逃课的学生，休息得并不是很安生，老是担心后面不给我派单，或是给我派更烂的单子。次日一早迫不及待上线时，发现系统一点变化也没有，午高峰时给我的单子跟以前差不多，我还挺高兴，心想以后可以多休息几天而没有负罪感了，之后我也确实停下来了一段时间。那段时间，我除了吃就是睡和玩，慢慢地，心里的弦就松了，不再考虑掉分以后怎么办，也不想赚钱，像我娘说的，越闲越闲，越懒越懒。

停下来后我见了几个朋友，偶尔跑一下单，也不再像从前那样着急，好像永远在路上奔跑。我会在跑单的间隙休息一下。11月有太阳的时候，我会套上羽绒服去商场夹层旁边的铁皮座位上躺下来睡会儿，或单纯休息休息腰，听听书，一直听到下午5点才出去跑会儿，到晚上9点再回家。

这么做极大地缓解了我内心的焦虑，也让我试着重新用轻松的视角看这个世界。放松下来有好也有坏，好处是我能很好地和这个活儿和平相处，坏处是我好像变得越来越皮，越来越无所谓——嗓门越来越大，也不在乎别人投诉我，经常在情绪失控时大呼小叫。那段时间，我的差评很多，基本上都是说我态度不好，虚假点送达，送达不通知。当我看到那些投诉时，也没有刚开始受处罚时那么情绪激动了，连申诉都懒得去做。有的顾客还会打电话过来说我一顿，我也不觉得怎么样，可能是因为脸皮厚了，很多话不那么入心了吧。

跑外卖就是这样，会让一个感情丰富的人变得逐渐麻木和冷漠。有天大哥受伤了，他和我讲，我也没什么感觉，只觉得这很正常，因为我也经常受伤。

事后我有点害怕，我不想哪天我不送外卖了，变得人不人鬼不鬼的。

　　这期间发生了一件有意思的事。有天我在趴单的时候，碰见了我的前领导，他跟我是前后脚离职的，他在离职前犯下件惊天大案。那会儿他是我们项目的保洁经理，说是经理，领的却是主管的工资，对此他非常不满，离职前他编了一个谎，说自己已经接了一个大汽车公司的保洁项目，到时候如果那些保洁跟他走，每个月薪资 4500，还能上五险一金，像我这种主管更不用说了，薪资能直接涨到 8000。这个条件很吸引人，很多保洁为了巴结他，在他缺钱时纷纷借给了他。

　　他这人说来也挺讲究，做戏就做全套，还装模做样地带我去见了几个供应商，让他们请吃了在我看来价值不菲的饭，还跟人家要了一部手机和 1 万多块钱。他在珠江摩尔租了一个公寓，并招聘了一个办公室主任以应付供应商的诸多问题，不过最终纸也没包住火，在大家都信以为真时，他天津的债主来了，戳破了他的谎言，他看装不下去就直接失踪了，谁也没联系上他。

有天我在西二旗送餐时突然看见了他，他就像当初带我那样，领着一个人讲如何做保洁主管，传授自己的经验。我将他的照片发给了保洁老宋，问他，你的钱还给你没？

老宋说，还没。

我说，我看见他了。我把地址发给了老宋，老宋说，你先盯住了，我这就过去。

我跟着那个人好半天，就像个侦探，很是刺激。眼见着他进了一个大楼，等老宋来时，他还没从里头出来。老宋问我是不是看错了，我跟他打包票绝对没错。我们又等了一个钟头，还真把他给等出来了。可惜他打老远就看见了我们，直接开溜了。

老宋说，又叫这个家伙跑了。

人是跑了，但我们都高兴，老宋高兴的是知道人在哪里了，我高兴的是我能帮别人。

以前，我因为急于送单往往懒得帮人。有次，我在单元门口呼叫楼上住户，呼叫半天也不给我开门，就在我焦灼时，后面一个阿姨跟我说，我给你开。她说着掏出了兜里的门禁卡，给我刷开了门，然后我急匆匆地去按电梯。电梯刚好停在一楼，一按门便开了，我冲进去直接按了楼层键，尽管我知道阿姨也要坐电梯，还是果断选择了关门。等我到了我所去楼层时，阿姨也坐另外一部电梯上来了。我故意大声喊着顾客取餐，以缓解内心的尴尬和惭愧。

生病及未来

　　我的朋友孙一圣将我的书稿给了出版方，他们看后觉得很好，决定出版我的作品，所以整个 12 月我都坐在家里改书稿。没想到我的身体由于长时间习惯了奔跑，有点不太适应坐着的工作，写了不到一个星期，腿就麻得更严重了，是那种按摩都无法缓解的麻。于是，我在一个下午又去了中医院看病。在这之前我已经拿了一个多月的中药，用以调理脾胃、气血。那会儿动不动就会头晕胃疼，这跟长期睡眠不足和饮食不规律有关，光是调理这两项就花了 2000 多块钱，再添一个新病，我还是有点不舍得，感觉好不容易赚回来的钱又搭了进去，最后拖了好几天才去。

　　大夫看我的挂号记录都是自费的，就建议我给自己买社保，她说，光是针灸就得多花 1000 多块钱，我想想怎么给你开药。她沉思片刻，给我新建了一份病历，说，这次我就不给你开中药了，开两盒中成药吧，效果比中药慢点，但是便宜不少钱。

她这话让我心里很感动。我遇到过那样的医生，随随便便一个头疼脑热就给我开千把块钱的药，吃完以后还不对路，本身是风寒的给按风热治。

她又再三叮嘱我说，你以后还是得交社保，对自己也是个保障。

我嘴上说，就是。

其实并不舍得交那个钱。北京的社保每个月都得交 2500 块钱左右，如果找人代缴还得额外收 200 块钱的手续费，一个月下来就得不少钱，像我这种非京籍外地人员，也没有资格单独缴纳医保。我曾经算过一笔账，或者说跟自己打过一个赌，如果我一年不生病，那我就变相赚了 2 万多块钱，要是缴了社保而没用上，那就是一种浪费。她可能也看出来我并没有钱交社保，没再多说什么，而是悄悄帮我付了钱。

回去路上我问朋友怎么报答人家，朋友说，也不用给太多东西，太多了会吓到人家，就随便给点小礼物吧。我是个不太会送礼物的人，想了半天也没想出个道道，后面好几次都是空着手的，这让我挺不好意思的。

我的腿经过几次治疗后，确实缓解不少，但还是没去根儿。

那个大夫姐姐说，你的身体就适合多运动，以后多走走路，多跑跑就行了。她又给我开了一些调理脾胃的药，告诉我后面就不用针灸了。

从医院出来后，我骑着车子往回走，心里很沮丧，怕病一时半会儿好不了，也怕未来经济越来越差，影响我的收入。12月，系统为了限制骑手的跑单时长，发出通知说，从12月30号开始，所有骑手跑单时长达到8小时，会收到系统休息提醒，达到12个小时后，则会被强制下线。以往我一个月赚到1万多块钱，基本上每天需要至少12个钟头，如果以后不让跑这么长时间，那我就很难赚到这么多钱。我不晓得这是不是跟不断涌入新骑手有关。刚入行那会儿我几乎很少能碰到女骑手，10月份左右，女骑手多了不少，到了冬天，时不时都能碰见。陌生的男骑手也越来越多，在超级合生汇跑单，我遇到的男骑手挺多都是没见过的。

也许系统的这种限制是为了多给新骑手单子，又或者各方面压力给得比较大，不得不出台相关制度。针对这一点，大家都很不满，我在后台的"骑手社区"里无论什么话题下，都能刷到骑手们的抱怨，嫌单子少，嫌限制接单，除了那里，骑手们没有其他途径直接跟平台进行对接和抗议。

大哥说，骑手就是不齐心，要是所有的骑手联合起来抗议，一天不上线，到时候他们得求着你跑单，主动给你涨跑单费。

他说的是这个理儿，可问题是很难把一个区域、一个城市乃至全国的骑手聚拢起来，这个工程量太大。再说骑手也没精力搞这些事情，如果有人真的能把所有骑手联系上，那也不会干跑外卖的活儿了，直接去当区域经理、站长，或者找其他更好的工作了。

本质上，入行跑外卖的大多是走投无路的人，或者是在其他行业混不开的人，没有几个人在入行前是因为热爱送外卖才干这个的，我也不例外。但现在如果叫我不跑外卖了，再去做其他的我肯定不去。跑外卖久了，其他行业的专业技能都不熟悉了，也没有相关工作经验。另外，我的年龄也快 35 了，无论找店员之类的工作，还是入职物业行业，都不太容易应聘上。唯一的出路就是继续走下坡路，干保洁、保姆、育儿嫂、护工之类，这些我都不想干。我只想让身体早点好起来，跑上至少三五年，攒些钱去租个店面摊煎饼，或者卖包子。

可问题是，我攒钱能力太差，在北京工作十几年存款一直是 2 万块左右，稍微多攒一些钱，不是生病，就是有别的要花钱的事情在等着，存款永远不能突破那个线。我跟我娘说，没准我比较适合出家，你看，我从来没有恋爱过，好容易结婚了还碰到那样哩人，到现在一点存款也没有，身体还差，没准出家了就好了。

我娘也比较同意，或者说是有点怀疑，觉得我这辈子真有可能该修行去。

我跟她说，我明年要找个地方出家去，你同意不？

我娘说，如果能保佑你身体好好哩，那去也中。

我说，那你见我就得上山上了，你不难受啊？

她说，那也没法。

尾 篇

在来回看病的路上，我经常能看到有个60多岁的老头在卖东西。他坐在桥墩上，两眼无神地看着远方，离他不远的地方放着一个泡沫箱，箱子上面放着一个塑料袋，袋子里装的不晓得是什么，他也没立个牌子，标明自己是卖什么的，好像他完全不在意东西能不能卖出去。他的箱子边上还有一只麻雀，悠闲地啄食着地上的东西，我走过去时麻雀都没飞开，只是往边上跳了跳。

我想买些东西帮帮他，就走过去问老头，你卖的什么？

他瞥了我一眼说，你自己看。

我将塑料袋打开，里面装的是腌萝卜，看起来干瘪瘪的，像是放了很长时间。这种东西现在很少有人吃了。

我问，只有这一种啊？

他说，我只会腌萝卜。

我说，同样的方法腌啥都行，你咋不卖点腌辣椒、腌黄瓜？

他说，有啥用，都卖不出去。

我想了一下也是，就要推车走。在我要骑走时，他自言自语似的说，以前我摊子也挺大，要不是他举报我，我也不会在这里摆摊，谁愿意在这里摆摊，这么冷。

他和我一样都是没的选择的人。就像桥另外一头的人，他如果有更多选择，就不会住路边给人剃头了。

原先，他的剃头摊子是在桥底下，后来桥底下用铁皮给围住了，他就将摊子挪到了通往桥上的台阶处。好几回我都看到他在台阶上给人剃头，剃了没几天，台阶也给人围了起来。最后没有办法，他只得将摊子放到桥边，车和人走来走去显得很碍事。如果他有本钱开个店，或者养老，大概也不出来了。

就比如我，我的理想是卖煎饼，如果我有钱租个店面摊煎饼的话，我也不愿意送外卖，只不过现在没有钱，只能跑外卖。这不算多惨的事情。我觉得当下我手上做的事情，永远都是最好的，尽管目前单子不多，但我相信过了春天单子就会多起来，到时候我又能赚到很多钱了。希望等到天暖和点，我的身体能恢复得好些，让我有能量多跑点单子。

在 2024 年 3 月份成为外卖骑手后，我的第二辆电动车仪表盘上显示跑了 36430 公里，第一辆电动车加之前的代步车跑了约 4000 公里，从 2084 位商家那里接过了商品，给 6447 名顾客送去了 6782 单，如果最后面两三个月我不忙着写作的话，估计跑单更多。

二哥叫我去西安，不跑外卖了，安心写作，可我不喜欢待在家里，全指着别人养着我。已经快 65 岁的父母，除了自己的地之外，又瞒着我们兄妹几个额外包了几亩地。我知道后，阻拦我娘，叫她别干了，她说，现在有力气还能干，能赚点是点，等老了就干不动了。不能老是伸手给人家要。劳动是他们保持尊严和体面的手段，也是我的。

对于未来，我也没有期待自己跑更多，在休息了三个多月后，我的心态跟以前完全不一样了，哪怕每天赚 100 块钱，心里也不觉得慌，因为有那样一个活我随时都能干，随时都能有收入，不像以前上班一样，一旦离职就不知道接下来工作去哪里找，现在感觉心里更稳。2025 年，我不再把自己的跑单行程安排那么满，会像大哥那样，中午和晚上分别跑一会儿，其余时间出去闲逛，写写东西，再不就是卖风筝。就像朋友说的，我的时间和身体可以支离破碎，但自我必须完整。

　　小时候，我娘看我手相说，你这手一看就是个劳碌命。其实人无论怎么活都是辛苦的，还不如选一个自己中意的方式。

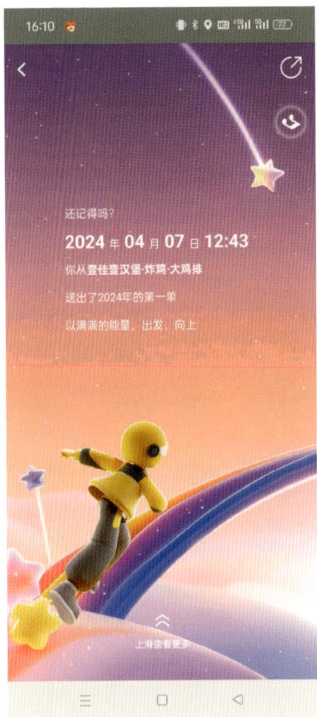

16:12

2024年

你为 **6447** 名顾客送去了 **6782** 单

其中最多的是美食订单，收获好评 **201** 单

最懂守护美食的你

不愧是"知食青年"

上滑查看更多

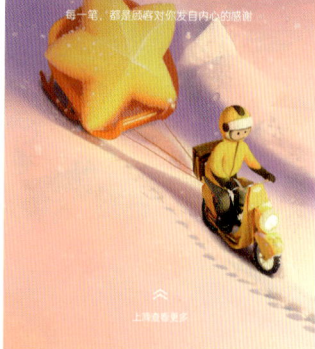

16:11

2024年

你的优秀有目共睹，

获得 **最强英雄2** **7** 次

收到了 **277** 条来自顾客的满意评价

其中，"礼貌热情"成为了你最耀眼的标签

收到 **11** 次打赏，总计金额 **37.00** 元

每一笔，都是顾客对你发自内心的感谢

上滑查看更多

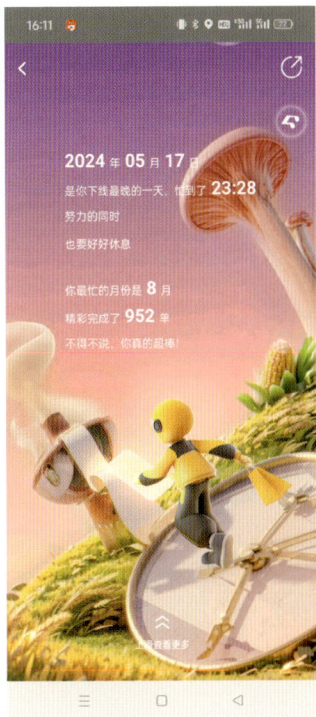
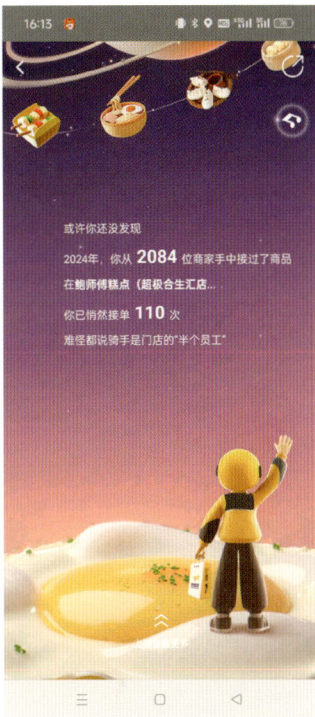